우리 동네 1등 치과 만들기

치과 컨설팅계의 마이다스의 손, 이다혜 대표의 치과 소생술

우리 동네

1등 치과

만들기

The best dental clinic

치과 매출 올리는 50가지 비밀

이다혜 지음

헤세의서재

디지털 시대가 성큼 다가온 요즘, 치과계에도 타 업종과 마찬가지로 개원과 폐업이 빠르게 그리고 무수히 일어나고 있다. 주변에서 하루가 멀다하고 개원을 하려면 어떻게 해야 하는지 물어온다. 이 책은 이 어려운 질문에 대한 명쾌한 해답을 준다. 오직 치과만을 위해 살고, 치과를 잘 되게 하려는 목표 의식이 있는 이가 쓴 책이기 때문이다. 이 책은 앞으로 모든 치과에 시스템을 정착하게 만드는 이정표가 되리라 본다. 저자의 열정에 박수를 보낸다.

㈜디오임플란트 CEO 김진백

치과의사들이 꼭 알아야 할 경영 이야기책입니다. 많은 치과들과 거래하면서 보았던 치과 경영의 어려움은 결코 적지 않습니다. 성공적인 치과 병원 운영의 실무적인 노하우들이 잘 정리되어 있어서 친한 원장님께 선물하고 싶은 책입니다.

리뉴메디칼 대표이사 김성호

바야흐로 개원 치과의 대홍수 시대가 펼쳐졌다. 대홍수에서 살아남기 위해 우리 치과 의사들은 부단히 노력하고 있다. 기라성 같은 선배 개원의들은 현재의 파이를 뺏기지 않으려고 고군분투 중이고, 이제 막 걸음마 단계의 후배 개원의들은 그 파이를 뺏기 위해 악바리 같이 달려들고 있다. 이런 전쟁터에 우리 후배 개원의들은 총알받이로 내몰리고 있는 실정이다. 이다혜 대표는 십 수 년간의 컨설팅 노하우를 무기로 전쟁터에서 살아남을 수 있도록 초보 개원의의 든든한 조력자, 선임하사와 같은 역할을 해주리라 단언한다. 자, 이제부터 대홍수에서 생존할 수 있는 노아의 방주 같은 책을 만나보자.

온아치과그룹 본점 대표원장 이중열

지난 6년간 이다혜 대표님 바로 옆에서, 대표님의 파트너로 치과를 키워본 대표원장으로서 말씀드립니다. 이 책에는 이다혜 대표님의 15년간의 컨설팅 노하우가 다 담겨있습니다. 여기에 있는 글은 이론만 늘어놓은 것이 아니라 개원 가에 실제로 다 적용해보았던 성공한 경영 노하우라는 것이 이 책의 장점이라고 할 수 있습니다. 개원하지 않은 원장님들은 이 책을 읽어보면서 만반의 준비가 될 것이고, 개원하신 원장님들은 이 책을 읽어보면서 본인의 병원을 돌아볼 수 있는 계기가 될 것입니다.

ABC치과 대표원장 전동욱

나는 대표님과 함께 한 5년 동안 치과 경영에 대해 많이 이해한다고 생각하고 있었다. 하지만 이 책을 읽은 후 여태까지 놓쳤던 디테일이 보이면서 다시금 긴장하며 치과경영에 대해 깊게 생각하는 계기가 되었다. 이 책의 생생한 사례들을 통해, 원장님들에게 실제 행하지 않고 머리로만 알던 원칙과 경영방침을 확실하게 행동으로 옮길 수 있는 동기부여를 일으킬 것으로 확신한다. 스스로 병원경영에 의구심이 들거나 갈피를 잡고 싶을 때, 이 책을 펴는 순간 그 해결의 실마리를 잡을 수 있을 것이다.

미사온아치과 대표원장 이재호

치과의사들뿐만 아니라 치과 운영에 관여하시는 실장이나 컨설턴트 분들에게 피가 되고 살이 되는 치과 경영 내용이 포함되어 있습니다. 그냥 경영이 아니라 성공적인 경영입니다. 내가 이다혜 대표님 도움으로 개원과 경영을 하면서 받은 노하우들 덕분에 자리를 빨리 잡을 수 있었는데, 이 책에는 그동안 직접 겪었던 이야기들이 고스란히 녹아있습니다. 특히, 개원할 때 치과의사들은 처음으로 사업에 입문하는데 무엇부터 해야 할지 모르고 한없이 막막하기만 합니다. 이런 상황에서 이 책을 지침서 삼아 개원을 추진하신다면 많은 도움이 될 것이라 믿습니다. 이와 함께 그동안 갖고 있던 치과운영에 대한 생각을 이 책을 통해 다르게 접근해 봅시다.

다온치과 대표원장 이영주

머리말

치과 소생술로 치과 경영에
도움이 되길 바라며

수많은 치과가 경쟁력이 떨어져서 폐업을 하는 시대다. 과거에는 치과가 3층에 있으면 1층부터 3층의 계단에 아침부터 줄을 서서 치과 문이 열릴 때까지 환자들이 기다리고 있었다. 하지만 그 행복한 시절은 사라진지 오래다. 이제는 치과의 차별화를 하지 않으면 금방 무너지고 마는 게 부정할 수 없는 냉혹한 현실이다.

나는 컨설팅을 진행하면서 많은 의사들에게 미팅 요구를 받는다. 직접 미팅을 해보면 실로 치과의 문제점이 다양했는데, 나는 그 치과를 다시 일으키기 위해 그 동안의 경험과 분석을 통한 컨설팅을 진행했다. 그 일이 바로 '치과 소생술'이다.

제갈공명, 이는 삼국지에 나오는 책략가이다. 나는 치과의 내부 시스템을 만들며 매출을 올릴 수 있는 방향을 알려주고 도움을 주는 치과의 제갈공명이 되고 싶었다. 실제로 나는 제갈공명이 유비와 함께 전략과 전술을 사용하여 촉나라를 세우듯 나 또한 의사와 함께 여러 가지의 치과내부조직을 관리하고 의논하며 수많은 치과에 전략과 전술을 사용한다. 이 과정에서 개원 컨설팅 및 직원교육, 병원의 내부교육을 진행한 곳이 100곳이 넘는다.

개원 컨설팅을 할 때는 기간에 쫓기지 않는 컨설팅을 진행한다. 보통의 컨설팅은 3개월 혹은 6개월 정도 세팅을 하지만 나는 장기간을 토대로 계획을 세운다. 그래서 나에겐 컨설팅 한 치과의 수가 중요하지 않다. 하나의 치과를 컨설팅 하더라도, 결코 무너지지 않는 치과를 만들고자 온힘을 쏟기 때문이다.

현재, 나는 타의 추종을 불허하는 독보적인 성과를 거두고 있다. 내가 컨설팅 한 치과는 개원 후 2개월 만에 매출액 1억 이상을 올리고 있다. 최근에는 더 놀라운 일이 생겨났다. 내가 컨설팅을 한 지방의 한 치과의 경우, 정식 개원을 하지 않았는데도 손님이 몰려온다며 원장님이 행복한 비명을 질러댔다.

컨설팅의 성공을 위해서 항상 많은 고민을 한다. 이는 곧 치과 의사의 고민이기도 하다. 치과 의사로서 치과 경영을 할 때 어떤 고민을 해야 하는가? 기업처럼 기업 목적에 대한 고민을 해야 한다고 본다. 그렇다면 많은 기업들의 목적은 무엇인가?

나는 기업의 목적은 이윤 추구라고 생각한다.

결국 치과도 기업이기에 목적은 이윤 추구여야 한다. 우리 치과에서는 그 목적을 달성하기 위해서 가능한 모든 수단과 방법을 동원해야 한다. 수많은 치과를 컨설팅하면서 깨달은 것이 있다. 치과의 목적 달성을 위해서 해야 할 것은 바로 '고객만족'이라는 것이다. 이것을 잘하면 자연스럽게 치과 목적인 이윤 곧 매출을 올릴 수 있다.

그동안 수많은 치과 컨설팅과 교육을 해온 결과, 내 나름의 '경영전략과 전술'을 축적할 수 있었다. 그래서 고민 끝에 한 권의 책에 그것을 담기로 했다. 이 책이 미래가 불투명한 예비 개원의와 치과 경영과 매출에 위기감을 느끼고 있는 치과 원장님에게 든든한 버팀목이 되어 줄 것이라 믿는다.

이 책의 내용은 어쩌면 누구나 다 알고 있는 것일 수 있다. 하지만 그것을 실천하기가 쉽지 않다. 차근차근 읽어 내려가며 내 치과의 문제점을 체크하고, 치과의 미래에 대한 구체적인 대책을 세우며, 우리 동네 1등 치과를 만들수 있도록 신발

끈을 힘껏 동여매길 바란다.

끝으로, 이 책이 나오기까지 많은 도움을 주신 온아치과 그룹 11명의 원장님들과 그 외에 많은 분들에게 감사를 드립니다. 그리고 항상 옆에서 조언과 격려를 해준 지원군에게도 감사 인사를 드립니다.

2019년 가을 문턱에서

이다혜

⦿ Chapter

Chapter 1

치과,
환자에게
눈에 띄게 하라

치과 이름은 따뜻하게 지어라

한 신경 정신과 개업의사가 무엇을 상호로 할지 몇날며 칠 고민을 했다. 그는 서울 시내를 쭉 둘러보았다. 그러다 잘나가는 병원들이 몰려 있는 거리로 가서 간판을 쳐다보았다. 그의 눈에 이런 간판이 들어왔다.

이 편한 치과
속 편한 내과

그는 상호를 결정했다. 얼마 뒤 그의 병원 앞에 이런 간판이 올라왔다.

골 편한 정신과

이는 병원 이름 짓기에 대해 떠도는 재밌는 이야기다. 과연,

이렇게 이름을 짓는 신경 정신과 의사가 있을까 의구심을 품는 분이 있을 것이다. 하지만 다년간 치과 컨설팅을 해온 내 입장에서는 충분히 그럴 수 있다고 본다.

이 이야기에서 세 가지를 점을 주목해야한다. 먼저, 신경정신과 의사는 상호에 대한 고민을 했다는 점이다. 상호는 앉은 자리에서 한순간에 만들 수 있는 게 아니다. 혹은 작명소에 무작정 맡길 수 있는 것도 아니다. 따라서 그는 최상의 이름을 짓기 위해 고민을 하고 발품을 팔았다.

다음, '이 편한'이라는 명칭이 다른 병원이 아닌 치과에서 처음 나왔다는 점이다. 곧, 병원 상호 면에서 치과가 가장 민첩하게 환자의 입맛에 맞추어 왔다는 것이다. 그만큼 병원 이름 작명 실력 면에 치과가 선두주자로 달리고 있음을 알수 있다.

마지막, 신경정신과 의사는 트렌드를 따라 잘 나가는 상호를 벤치마킹했다는 점이다. 잘 나가는 치과, 성형외과, 내과는 이름이 잘 지어지지 않은 경우가 없다. 이 병원들은 잘 만들어진 이름의 효과를 봤다. 잘 지어진 이름을 따라하는 것만으로도 상호 작명의 실력 점수는 평균이상이다.

여기서 개원 치과의사들이 배울 것은 치과 이름을 지을 때 신중히 고민하라는 점이다. 특히 치과 이름은 다른 병원과 달리 더 신경 써서 지어야한다. 이곳은 치열한 경쟁이 벌어지고 있기 때문이다. 자칫 방심하여 한물간 치과 이름을 지었다가는 환자 눈에 띄지도 못 하고 폐업하고 만다. 따라서 트렌드를 잘 포착하여 그를 이름에 담아야 한다.

우리나라에는 2만 여개가 되는 치과가 있다. 그 만큼 치과 이름도 다양하다. 치과 이름은 시대 변화에 민감하게 대응하면서 변화해왔다. 1960~1980년대에는 치과 이름에 박, 이, 김, 정처럼 치과 의사의 성이 많이 쓰였다. 실제로 박치과, 이치과, 김치과, 정치과 등의 빈도가 많다. 그러다 1990년대에 들어서면서부터 출신대학 이름을 따서 짓거나 현대, 이사랑 등으로 짓기 시작했다. 연세치과, 서울 치과, 현대 치과, 이사랑 치과 등이다.

이후 2000년대에서 지금까지는 영어단어나 형용사 등이 치과 이름으로 많이 사용되었다. 대표적으로 굿모닝 치과. 미소 치과, 웰 치과 등이다. 이 와중에 '이 편한 치과' 이름이 등장했다. 이 편한 치과 이름이 아무렇게나 지어진 게 아님을 알수 있다. 시대의 취향과 욕구에 맞추어 만들어진 것이다.

치과 컨설턴트로서 치과 이름을 짓는데 많은 시간을 바친다. 이때 시대의 트렌드에 보조를 맞추는 게 기본이다. 지금은 치과 이름에 성과 출신 대학 이름을 따오는 건 절대 금물이다.

나는 치과 이름을 지을 때 '따뜻함'을 부여하는 단어를 활용하고 있다. 두 가지 예를 들어보자. 먼저, 온아 치과다. '온아'의 한자 뜻은 '따뜻할 온(溫)', '바를 아(雅)'이다. 그래서 따뜻하면서도 바르게 치료하는 치과 의미를 담고 있다. 치과에 방문하는 환자들이 간혹 치과의 이름을 물어보는 경우도 많다. 치과의 이름을 그냥 짓는 것보다는 치과 이름에 뜻풀이를 넣어주면서 환자들에게 우리 치과의 좋은 뜻을 전달해 주는 것이 신뢰감을 준다. 온아치과는 이렇게 하고 있다.

따뜻하고 바르게 치료하는 **온아 치과**

이 치과는 잘 지어진 이름으로 전국에 십여 개 치과를 운영할 정도로 큰 성공을 거두었다.

다음은 내가 작명에 관여한 다온치과다. 순우리말인 '다온'의 뜻은 '모든 행운이 다온다'인데 '온'자 덕에 따뜻한 어감이 느껴진다. 물론 이미 다른 업종에서 이 이름을 많이 사용하고 있기는 했지만 치과 이름으로서 신선하다고 보아 과감하게 선택했다. 현재 이 치과는 이 이름의 효과를 톡톡히 보고 있다.

치과는 사람들이 다른 병원에 비해 내원 횟수가 많기 때문에 친숙할 필요가 있다. 그런데 대다수 환자 입장에서는 치료에 대한 공포가 마음 한구석에서 지워지지 않고 있다. 따라서 그 어떤 이름보다 따뜻한 이름이 치과 이름으로 일순위이다.

간판은 눈에 띄게 만들라

 "실력만 있으면 환자가 찾아오지 않을까요? 굳이 신경 써서 간판 제작을 할 필요가 있을까요?"

치과 개원을 준비 중인 전 페이 닥터 B씨의 말이다. 그는 유명 대학 출신에 전문의 자격을 갖추고 있었기에 자신만만했다. 컨설팅을 하면서 만난 이 의사에게 개원을 하려면 우선적으로 간판을 잘 만들어야한다고 하자 이렇게 이야기했다.

그 의사는 자신감이 철철 넘쳤다. 그런 분을 자주 만나왔던 나는 아쉬움을 감출 수 없었다. 실력에 대한 자신감 하나로 치과 병원의 성공을 예상하지 못하기 때문이다. 이제 치과는 포화상태가 되었다. 그래서 신규 환자를 개척하는 게 아니라 다른 치과 환자를 뺏어 와야 하는 시장 구조가 되었다. 이런 상황에서 '실력'하나만 믿고 있으면 큰 코 다친다.

개원을 앞둔 치과 의사는 낮은 자세로 모든 면에 철저히 준비를 해야 한다. 이때 치과 이름 작명 이후에 신중하게 준비해야하는 게 바로 간판 제작이다. 결코, 간판의 위력을 간과하지 말아야 함을 많은 컨설팅을 진행하면서 알게 되었다. 자본과 인력이 부족한 중소기업에 맞는 마케팅 전략을 제시해 수많은 성공 사례를 남긴 『게릴라 마케팅』의 저자 제이 콘래드 레빈슨은 말했다.

"간판은 충동구매라는 총구를 연다. 게릴라는 총 쏘기를 좋아한다."

그의 말에 따르면 간판은 광고의 기억을 일깨워 판매를 촉진시킨다고 한다. 간판이 창의적인 전략과 일치한다면 소비자들의 구매 탄력성이 계속 증가한다는 것이다. 구매 결정의 75%는 구매 장소에서 결정되기 때문에 점포 간판의 중요성이 매우 높다는 말이다. 이와 함께 그는 간판의 필요성에 대해 말했다.

"고객에게 상기시키며, 작은 충동을 만들어내고, 좋아하는 마음을 심화시키고, 정체성을 그려내는 것과 함께 아주 짧은 메시지를 서술하기 위해서다."

간판은 곧 치과 병원의 얼굴이나 마찬가지다. 따라서 공을 들여서 만들어야 환자들이 그것을 보고 마음에 충동을 느낀다. 그런데 문제는 건물 하나에 하나당 치과가 있을 정도로 치과 수가 많다. 게다가 다른 업종의 점포 간판들도 무수히 많다. 따라서 지나가는 행인의 눈에 자신의 치과를 알리는 간판이 쉽게 들어오지 않는다. 여러 개의 간판들 속에 눈에 확 들어오는 간판이 되어야한다.

사람에 대한 첫인상은 0.5초에 결정된다고 한다. 간판은 어떨까? 간판은 3초안에 첫인상이 결정된다. 딱 3초 안에 그 간판 디자인에 대한 인상, 그 간판의 메시지에 대한 이해, 그리고 그곳을 갈지 말지에 대한 판단이 이루어진다. 따라서 재빠르게 행인들의 눈을 잡아끄는 간판을 제작하는 게 중요하다.

우선, 간판 제작 전에 숙지해야할 사항이 있다. 이는 간판의 크기, 설치에 대해서는 구청 단위로 규정을 두고 있기 때문에 반드시 해당 구청에 문의 후 규정에 맞게 제작 설치해야한다는 점이다. 이에 대해서는 전문 간판 제작업체에게 의뢰를 맡기면 알아서 해준다. 따라서 크게 신경 쓸 게 없다. 그러면 구체적으로 눈에 띄는 간판을 제작하는 방법 4가지에 대해 알아보자.

크기를 결정하라

적절한 간판의 크기가 가로 간판은 폭 60cm, 돌출 간판은 폭 40~50cm이다. 이 정도의 크기에 간략한 정보를 담아 전달 기능을 극대화시켜야 한다. 하지만 이것은 어디까지 일반적인 룰일 뿐이다.

남들보다 더 튀어야 보행자의 눈에 띈다. 따라서 크기를 더 확대할 수 있다. 건물 입구 전체를 간판으로 만드는 경우도 있고, 치과가 있는 층의 전체 유리벽을 간판으로 만들 수도 있다. 내가 컨설팅을 진행했던 모 치과는 해당 층 외벽 전체를 블루 색 간판으로 설치하여 눈에 띄게 함으로써 환자 방문수를 크게 끌어올렸다.

여백의 미를 살려라

간판에 들어가는 글자와 이미지를 크게 하는 건 집중도를 떨어뜨린다. 적당한 크기로 조절하고 나머지를 여백으로 두면 시선을 끌수 있다. 간판의 생명은 잘 보이게 하는 데 있다. 따라서 예쁘게 만들려다가 집중도를 떨어뜨리는 우를 범하지 않는 것이 좋다.

대비 색상을 사용하라

간판의 글과 배경은 대조되게 만드는 게 상식이다. 글자가 검

정색이면 배경은 흰색, 글자가 남색이면 배경은 흰색, 노란색을 한다. 이렇게 하면 가독성이 매우 높다.

단 한 개의 메시지를 담아라

의욕이 앞선 나머지 창문시트지에 이것저것 많은 정보를 넣으면 집중력이 떨어진다. 어필하고자 하는 단 한 가지를 메시지화하라. 예를 들면 다음과 같다.

> 안전한 ** 치과
> 아프지 않는 **치과
> 치아 살리는 **치과
> 고난도 임플란트 잘 하는 **치과

간판 제작과 함께 고려할 것은 현수막이다. 이는 의료법에 저촉될 수 있지만 미리 지역 치과의사 협회에 신고하면 2~3개월에서 최대 6개월까지 설치 할 수 있다. 현수막에는 언제 개원한다는 내용과 치과의 핵심 메시지 하나를 넣어야 하며, 원장의 사진을 넣는 게 더 효과적이다. 활자만 나오는 것보다 원장의 사진이 들어가 있으면 신뢰도가 급상승한다.

근처의 유동인구를 파악하라

 "새로 생긴 아파트 단지 입구에 치과를 열었는데 환자들이 잘 오지 않네요."

임플란트 전문 치료를 내세운 한 치과의사가 볼멘소리를 했다. 서울 근교 신도시의 한 아파트 단지 입구에 의욕적으로 치과를 열었다. 그곳 아파트 주민만 해도 수 만명에 달했다. 더욱이 그곳에서 그가 치과 1호였다.

얼마 지나지 않아 그가 한숨을 내쉬었다. 임플란트를 하러오는 환자가 매우 적었기 때문이다. 그가 실패한 이유는 아파트 단지에 치과 환자가 없어서도 아니고, 진료비가 턱없이 높아서도 아니다. 입지 선정을 실패한 것이다. 그래서 나는 내게 고충을 털어놓은 그 치과 의사에게 말해주었다.

"아파트 단지에 사람이 많은 것만 보았지 해당 주민의 연령층에 대한 분석을 하지 않으신 것 같네요. 이곳에는 한두 자녀를 둔 30~40대 젊은 가정이 많습니다. 따라서 이들은 노령 층이 많이 하는 임플란트의 주 고객이 될 수 없지요. 오히려 이곳에는 아이들의 충치 치료나 젊은 층을 위한 스케일링 치료 중심으로 하는 게 좋겠어요."

이 치과의사는 노령층이 많이 사는 주택 지구에 개원을 하는 게 바람직했다. 이렇듯 새로 개원한 치과가 성공하는 데 입지가 매우 중요한 역할을 한다. 어떤 분은 치과가 성공하는 데 입지가 60~70%를 좌우한다고 말한다. 사실, 이것은 과장된 것이며 실제로는 20~30프로 정도 차지한다는 게 정설이다. 홍보, 마케팅, 진료 서비스, 소개 등 다양한 변수가 치과 성공의 요소다. 하지만 그만큼 입지가 중요한 역할을 한다는 것만큼은 반드시 기억해야한다.

치과 성공의 다른 요소는 부단히 노력하면 개선할 수 있다. 하지만 입지는 한번 정하고 나면 막대한 손실을 감수해서 다른 곳으로 이사 가기 전까지 변경할 수 없다. 따라서 한 번의 선택이 매우 중차대하다. 순간의 잘못된 입지 선택이 폐점의 나락으로 연결되기 때문이다.

최근, 건강보험심사평가원에서 2017년 우리나라의 치과 개원 대비 폐업 비율을 발표했다. 이에 따르면 1,059개의 치과가 개원하고 631개의 치과가 폐업한다고 한다. 이는 곧 치과 폐업률이 절반 이상이 된다는 말이다. 이 정보만 보아도 현직 치과 개원의는 물론 예비 치과 개원의의 가슴을 철렁거리게 하는 통계가 아닐 수 없다.

따라서 더더욱 치과 개원에 앞서 입지 선정에 만전을 기하는 게 필요하다. 실제로 한 통계에 따르면 의사가 개원 과정에서 제일 힘든 게 바로 입지 선정(85.4%)으로 나왔다. 그렇다면 어떻게 입지를 선정해야할까? 다음 세 곳을 예비 치과 개원의들에게 적극 추천한다.

유동인구가 많은 상권 지역

점찍어 놓은 곳 중심으로 500m 반경 이내를 확인했을 때 유동인구가 많은 곳인지 확인을 해야 한다. 이곳은 버스, 지하철 등 대중교통 시설이 잘 갖추어 있어서 아침저녁으로 많은 사람들이 이동한다. 하지만 이것만으로 안심하기는 곤란하다. 좋은 치과 자리를 얻기 위해서는 발품을 팔아야한다. 개인적으로는 치과 입지를 선정할 때, 근처 카페, 식당 등에 오전, 오후에 시간대별로 찾아가 진을 치고 앉아서 지나가는 사람들을 분석한다.

이렇게 해서 내가 원하는 건물쪽으로의 인구 이동방향과 인구수는 물론 나이, 신분, 성별, 소득 수준 등을 꼼꼼하게 파악한다. 예비 치과 개원의 또한 이렇게 해서 내 진료 과목을 내세운 치과 개원을 해도 될지 말지를 신중하게 결정해야한다.

유동 인구가 많은 곳이라고 해서 다 잘되는 건 아니다. 다 잘 된다면 예비 치과 개원의는 입지 선정 문제로 고민할 필요가 없 어질 것이다. 한 치과 원장은 유동인구가 많기로 둘째가라면 서 러운 홍대 역세권에 개원했다. 더욱이 그가 개원한 치과 건물의 일층에는 스타벅스가 입점하고 있었다. 그는 아침저녁으로 물 밀듯이 쏟아지는 유동인구를 보면서 쾌재를 불렀다.

하지만 그는 쓴 고배를 삼켜야했다. 이외의 변수가 도사리 고 있었다. 건물의 월세, 관리비 등 고정비가 너무나 비쌌고 여기에다 근처에 이미 자리 잡고 있는 치과가 대여섯 개가 넘 었기에 치열한 경쟁을 해야 했다. 결국 그 좋은 역세권에서 오 래 버티지 못하고 말았다.

인구가 많은 주거지역

이는 단독주택지구나 아파트 단지 등에 해당한다. 어느 동네 에나 대표적인 치과가 있기 마련인데 이 치과가 주거 지역을 선점하고 있는 셈이다. 주거지역의 장점은 경기 영향을 잘 받 지 않는다는 점이다.

이에 반해 잘나가는 상권은 경기 상황에 크게 영향을 받는 다. 유동인구 수의 변화가 심하여 자칫 상권이 몰락하는 경우 가 있다. 따라서 요즘 예비 개원의들은 상권 밀집 지역보다 항아리 형태인 주거지역을 더 선호하고 있다. 이들은 큰 수익을 기대하지 않는 대신 안정적인 수익을 내는 것을 추구하기 때문이다.

실제로 종로구, 중구 등의 상권은 유동 인구 감소로 경기 불황 탓에 병의원이 줄고 있다. 그 반면에 도봉구, 성동구, 성북구 등 항아리 형태인 주거 밀집지역에는 지속적으로 병의원이 늘어나고 있다.

의료 상권이 형성된 지역

다양한 의료 업계가 모여 있는 곳이면, 행인의 주목을 잘 받을 수 있다. 예비 치과 개원의 입장에서는 내과, 성형외과, 정형외과, 신경정신과 같은 병원이 몰려 있는 곳이면 매우 좋다. 환자의 입장에서는 한곳에 다양한 병원이 모여 있으면 그곳을 방문하는 게 편리하다. 병의원이 여기 저기 떨어져 있으면 기억하기가 쉽지 않다. 한 곳에 모인 병원 건물은 대형 마트와 같은 효과를 보기 때문이다. 이곳에 가면 생필품 뿐만 아니라 모든 것을 얻을 수 있기에 고객의 입장에서 매우 편리하지 않는가?

무엇보다 입지를 잘 선정하려면 많은 시간을 투자해서, 현장 답사를 하는 게 좋다. 이와 함께 '좋은 입지와 나쁜 입지 6

가지'를 참고하자.

좋은 입지

1. 인구밀도가 높고 유동 인구가 많다.

2. 교통수단이 다양하게 제공되어 있다.

3. 은행, 관공서, 백화점, 학교 등이 가까운 곳이다.

4. 주위에 대형 상가가 들어설 토지가 없는 곳이다.

5. 동일 진료 과목의 경쟁 병원이 없는 곳이다.

6. 주변에 연관된 진료과목 병원이 있다.

나쁜 입지

1. 상권이 양분된 지역이다.

2. 업종이나 건물주가 자주 바뀌는 곳이다.

3. 임차료, 권리금이 너무 저렴하다.

4. 언덕 위, 고층 등 접근이 불편하다.

5. 상권이 커질 공간이 존재하는 곳이다.

6. 도로, 주위 건물 등이 낡거나 지저분한 곳이다.

입지를 위해 팁을 하나 준다. 실패하지 않는 최적의 입지 선정을 위해 자영업자 대상으로 만들어진 '소상공인 상권정보 시스템(http://sg.sbiz.or.kr/)'을 활용하는 것을 기억해두자. 이를 잘 이용하면 세밀한 상권 분석과 함께 유동 인구수와 소득 수준, 다양한 업종과 기관, 학교, 병의원의 현황을 파악할 수 있다.

친절하게 안내판을 달아라

 서울 근교의 한 치과를 찾아 나섰다. 그 치과 원장님은 신규 환자가 적어서 심각한 고민을 하고 있었다. 그 분과 상담을 하러 내비게이션을 따라 차를 몰아서 그 주소가 찍힌 건물 앞에 도착했다.

그 건물은 10층으로 수많은 가게들이 들어서 있는 상가 건물이었다. 건물 앞에서 치과가 어느 곳에 있는지 살펴보았다. 수많은 간판 가운데서 4층에 있는 '미소로 치과'가 보였다.

그걸 보고 나서 건물 입구로 향했다. 건물 입구에는 요란하게 안내판이 다닥다닥 붙여 있었다. 제일 큰 건 역시나 유명 H 은행 안내판이었다. 가만히 살펴보니, 그 치과 안내판이 보이지 않았다.

엘리베이터 앞에 서자 층별 안내판이 보였다. 층별 안내판을 보니 4층에 있는 그 치과 상호가 보였다. 나는 곧바로 엘리베이터를 타고 4층에 내렸다. 그러자 기다린 통로가 나타났다. 4층에도 많은 점포가 있었다. 미술학원, 영어학원, 사진 가게, 비뇨기과 등이었다.

나는 이것을 복도에 세워진 입간판과 건물 벽에 붙은 화살표 안내판을 통해 알 수 있다. 그런데 그 치과의 화살표 안내판은 없었다. 어느 방향으로 가야할지 혼란스러웠다. 좀 전에 보았던 엘리베이터 앞의 층별 안내판을 기억했다.

'비뇨기과 옆에 그 치과가 있었지. 그러면 비뇨기과 쪽으로 가야겠어.'

이렇게 해서 그곳으로 발걸음을 옮겼다. 쭉 걸어가다 보니 비뇨기과의 실내 소형 간판이 보였다. 그 비뇨기과를 지나려는 찰라 드디어 그 치과 상호의 소형 간판이 눈에 들어왔다. 그 치과 앞에 서자 오른쪽 벽면에 붙은 안내판을 읽어보았다. 간판을 찾기는 힘들었으나 비교적 치과를 잘 소개한 안내판은 게시되어 있었다. 곧바로 치과 안으로 들어가 치과 원장과 상담을 시작했다.

얼마 전에 있었던 일이다. 그 치과는 치과 위치를 소개한 동선 안내판 설치에 소홀히 했다. 이런 것 하나하나가 쌓여서 환자 내방율을 뚝 떨어뜨린다.

치과 컨설턴트로서 전국 방방곡곡에 소재한 치과를 방문하는 일이 많다. 그런데 막상 그 치과가 있는 건물에 들어서면 치과 현관입구를 쉽게 찾지 못하는 일이 간혹 생긴다. 치과가 있는 건물에는 수많은 점포가 입점해있는 경우가 많기 때문이다. 따라서 다른 점포들에 섞여서 치과를 금방 찾아내기가 쉽지 않다.

치과에 관한 일에서는 그 누구에게도 뒤지지 않는 전문가인 내가 이렇다. 그렇다면 치과를 찾는 환자들은 어떨까? 거리에서 그 치과 간판을 보고 건물 안으로 들어섰는데 수많은 점포 속에서 길을 헤맬 가능성이 적지 않다.

따라서 치과는 번듯한 간판 하나를 건물 밖에 걸어놓은 것에 안주하지 말아야한다. 환자의 입장에서 최대한 간편하게 찾을 수 있도록 건물입구와 건물 내에 안내판을 설치해야한다. 다음 네 가지를 잘 참고하자.

첫째, 건물 입구에서부터 안내판을 설치하자.

이는 마치 건물 윗층에 있는 치과 직원이 버선발로 입구에 내려와서 맞이해주는 것과 같은 효과를 낸다. 입구에서 아무도 맞이 해주지 않으면 썰렁한 느낌이 난다. 하지만 입구에서 보란 듯이 몇층에 치과가 있다는 소개를 해놓으면 처음 치과를 찾는 환자가 든든한 마음을 가질 수 있다. 안내판으로는 물통 배너나 철 입간판을 이용하는 것이 좋다

둘째, 엘리베이터 옆에 층별 안내판에 치과 상호를 붙여놓자.

건물주의 방침에 따라 규격과 디자인이 정해졌다면 그에 따라야 한다. 만약 그렇지 않다면, 톡톡 튀는 색상으로 한눈에 알아볼 수 있게 문구를 만들자.

셋째, 방향을 잘 알려주는 안내판을 설치하자.

방향안내판은 참 간과하기 쉽다. 해당 층에 내렸는데 여러 개 점포가 있다면 그 어느 누구도 쉽게 치과를 찾을 수 없다. 따라서 엘리베이터에서 내리자마자 한눈에 들어오도록 방향 안내판을 설치하자. 이때 환자의 입장에 서보자. 처음 찾는 환자가 그것을 놓치지 않는지, 그리고 그것을 보고 따라가면 쉽게 찾을 수 있는지를 꼼꼼하게 체크해야한다.

넷째. 치과 진료 과목과 시간 안내판을 설치하자.

이것은 건물 입구에 설치할 수도 있고, 치과 병원 현관문이나 옆 벽에 설치 할 수 있다. 건물 입구에 설치해놓는다면 그것을 보고 환자들이 헛걸음을 하는 일이 생기는 걸 막을 수 있다. 또한 환자들에게 진료의 장점을 소개할 수도 있다.

　이 안내판에는 진료과목과 시간과 함께 치과 상호, 전화번호, 층수를 넣을 수 있다. 대표적인 예를 들어보자.

다온 치과

*층

진료과목

임플란트, 보철치료, 보존치료, 치주치료,
소아치료, 심미보철, 치아성형, 미백치료

진료시간

평일 : 오전 9:30 ~ 오후 7:00
토요일 : 오전 9:30 ~ 오후 2:00
점심시간 : 오후 12:30 ~ 오후 2:00
일 · 공휴일 휴진
Tel : 02) 777-8888

엘리베이터와 현관 유리문 활용하기

환자가 치과를 방문하기 위해 반드시 거쳐야하는 곳이 엘리베이터와 현관이다. 치과가 있는 건물을 찾은 환자는 반드시 엘리베이터를 탄다. 그리고 나서 몇 초가 흐른 후 엘리베이터 문이 열리면 치과 현관 유리문을 마주친다. 채 30여초가 되지 않는 이 짧은 순간을 그냥 내버려도 될까?

단 한명의 신규 환자에게도 깍듯한 안내를 하고자 한다면 절대 놓쳐선 안 된다. 다음 두 가지를 꼭 기억하자.

먼저, 엘리베이터를 잘 활용해야한다.

누구나 엘리베이터를 탔을 때 밀폐된 작은 공간에서 자신을 마주하고 있는 거울을 기억할 것이다. 지금은 거울이 너무나 당연하게 보인다. 거울이 없는 엘리베이터가 어색할 정도다. 하지만 처음부터 거울이 엘리베이터에 있었던 것은 아니다.

세계적인 엘리베이터 제조 회사인 오티스사가 세계최초로

안전장치가 부착된 엘리베이터를 개발했다. 막상 건물에 설치해 놓으니 문제가 생겼다. 엘리베이터 속도가 너무 느렸던 것이다. 사람들이 불만을 터뜨리기 시작했다.

하지만 당시 기술력으로는 어찌해 볼 도리가 없었다. 속도를 올릴 수 있는 방법이 전무했다. 이때 오티스사의 한 직원이 아이디어를 내놓았다.

"거울을 설치하면 어떨까요? 거울을 보다보면 엘리베이터 속도에 무감각해질 테니까요."

실제로 엘리베이터에 거울을 설치하자 더 이상 불만이 나오지 않았다. 이와 함께 다른 엘리베이터에도 거울이 생기기 시작했다.

이처럼 거울은 사람들을 집중시키는 효과 때문에 생겨났다. 거울이 사람들의 시선을 잡아끄는 힘이 적다면 지금처럼 엘리베이터에 거울이 설치되지 않을 것이다. 여기에서 주목해야할 점은 거울의 집중력이다. 엘리베이터라는 밀폐된 공간에서의 집중력은 매우 크다.

그래서 엘리베이터 거울의 광고 효과가 크다. 한 연구 결과에 따르면 사람들이 엘리베이터 안에서 광고를 보는 비율이 91.8%에 달한다고 한다. 따라서 다른 곳이 아닌 거울 하단에 치과 이름을 적어놓으면 건물을 찾은 사람들에게 홍보 효과가 지대하다. 엘리베이터가 아닌 다른 곳에 소개한 치과 이름은 슬쩍 보고 지나친다. 그런데 엘리베이터 거울 하단의 치과 이름은 치과가 있는 층에 내릴 때가지 계속 시야 안에 머무른다. 각인 효과로 이만한 게 없다.

더욱이 건물의 다른 점포를 찾는 사람들도 수시로 엘리베이터를 탄다. 이들이 엘리베이터를 타는 순간 거울 하단 광고를 통해 치과 환자로 끌어 모을 수 있어야 한다.

다음, 치과 현관 유리문을 잘 활용해야 한다.

상당수 치과는 현관 유리문을 출신학교 마크나 상투적으로 진료과목을 소개하는 데 그치는 경우가 많다. 이렇게 해서는 처음 찾은 환자의 시선을 강력하게 끌어당길 수 없다.

평범한 현관 유리문은 환자에게 아무런 감흥을 불러일으키지 않는다. 환자는 별 생각 없이 치과 유리문을 열고 안으로 들어간다. 사실, 환자는 치과 앞까지 오기까지 간판, 엘리베이터 층별 안내판, 엘리베이터 거울 하단 광고, 방향표시 안내판 등 여러 개의 홍보 및 안내판을 접했다. 여기에서 그치지 말아야 한다. 이제 홍보와 안내의 클라이막스를 만들어야할 단계다. 현관 유리문에 말이다.

여기에는 아주 간단한 로고나 쓸데없이 장황한 이야기를 늘어놓는 것이 좋지 않다. 치과를 알리고 호기심을 유발 할 수 있도록 하는 이미지나 글귀를 추천한다. 현관 유리문에는 다음 세 가지가 들어가는 게 좋다.

1. 원장이 진료하는 모습의 사진
2. 치과의 핵심적인 가치, 장점
3. 진정성 있는 각오

대표적인 사례로 온아 치과의 경우를 들 수 있다. 사진은 생략하고 두 문구만 보자. 다음처럼 군더더기 없이 간결하다. 이것을 본 환자는 역시 이 치과를 잘 찾아왔다는 생각이 들지 않을까? 그리고 자신도 모르게 다시 찾아와야겠다는 생각이 들지 않을까?

대한민국 치과의사 중 단 8%만이
구강안악면외과 전문의입니다.
우리 동네 주치의로 최선을 다하겠습니다.

주차장과 경비원을 빠뜨리지 말라

"잘 지내셨어요?"

"오랜만이군요. 이 대표님 덕택에 잘 지내죠."

"제가 뭘요. 날씨가 더워졌는데 박카스 드시고 힘내세요."

한 치과 건물의 지하 주차장에서 경비원과 나눈 대화다. 이 곳은 내가 컨설팅한 치과가 생긴 곳이다. 생긴 지 5개월 남짓 되었다. 한 달차에는 하루가 멀다하고 자주 찾아왔다. 그때마다 경비원에게 인사를 드렸다. 그와 함께 소소하게나마 칫솔이나 음료수를 건넸다.

그러다 보니 경비원이 내가 사는 아파트 경비원만큼이나 친해졌기에 내 이름과 얼굴을 기억했다. 이제는 내가 멀리서 걸어오는 것만 봐도 척 알아보고 경비원이 한 손을 흔들어준다.

"이 대표, 오늘도 화이팅!"

이렇듯 나는 치과 건물의 주차장 경비원에게 많은 신경을 써서 두터운 인간관계를 맺어둔다. 원래 사람 사귀기를 좋아하는 탓도 있지만 특별한 이유가 있다. 그것은 바로 주차장 경비원(주차원 포함)이 치과를 알리는 데 여러 면에서 큰 도움을 주기 때문이다.

치과를 내방하는 환자들은 크게 정문으로 오는 환자와 주차장을 통해서 올라오는 환자 둘로 나뉜다. 정문으로 오는 환자에게는 앞서 소개했던 홍보, 안내로 충분하다. 그런데 요즘 차를 몰고 오는 환자가 많기에 각별하게 주차장 홍보와 안내에 신경을 써야한다.

차를 대고 내리는 복잡한 건물의 주차장의 안내판 설치는 그리 호락호락하지 않다. 해당 건물에 있는 다른 병의원과 점포의 안내판이 다닥다닥 벽에 붙여있다. 빈틈을 찾기 쉽지 않다. 자칫 아무 곳에나 안내판을 붙였다가는 경비원이 당장 떼버린다. 이렇게 되면 차를 가지고 오는 환자들에게 무방비 상태가 되고 만다. 그러면 처음 방문하는 환자는 당혹스러움이 생길 수 있다.

'몇층으로 가야하지?'

'치과 이름이 뭐였더라?'

이런 일이 발생하지 않기 위해 최대한 신경을 써야 할 것이 바로 경비원과 친해지기다. 주차장 내에서만큼은 경비원이 최고 권력자다. 사소한 일은 현장에서 경비원이 재량껏 판단하고 처리하기 때문이다. 따라서 경비원에게 평소 잘 보여야 한다. 경비원에게 눈도장을 단단히 찍을 필요가 있다.

자연스럽게 경비원과 친해지고 나서 이렇게 친절을 베풀어 주는 것이 좋다.

"비보험 스켈링 무료 이벤트 기간인데요. 경비원 아저씨도 스켈링 받으러 오세요. 잘 해드릴게요."

그러면 경비원 아저씨는 든든한 우군이 되어준다. 실제로 이렇게 돈독한 관계가 맺어진 경비원은 적잖은 도움을 준다. 우선 우리 치과 안내판을 설치하는 데 배려를 해준다. 누군가 주차장에 입간판을 세워 놓으면 경비원이 수거해버리는 일이 많다. 하지만 내가 컨설팅 하는 치과의 입간판은 슬쩍 모른 척 해주곤 한다. 통행에 지장을 주는 않는 범위에서는 충분히 허락을 해준다.

그러면 해당 건물의 수많은 점포를 제치고, 유독 내 치과의 입간판이 주차장에 세워질 수 있다. 이렇게 되면 광고 효과가 매우 높다.

여기서 끝이 아니다. 한 발 더 나아가 경비원이 스스로 홍보대사를 자처해준다. 해당 건물에 치과가 여러 개 들어섰다고 하자. 이때 주차장에 차를 대고 밖으로 내방자가 걸어와서 경비원에게 묻는다고 하자.

"치과 가려면 어디로 가야하죠?"

그러면 경비원은 평소 돈독한 관계가 맺어진 치과를 소개해준다.

"치과는 ＊＊＊가 좋습니다. 여기 엘리베이터를 타시고 5층에 내리시면 됩니다."

대형마트보다 큰 '몰'이 대세가 되었다. 이러한 몰의 마케팅에 대해 소개한 『몰링의 유혹』의 저자 파코 언더힐은 주차장을 통해 고객을 신속히 매장으로 유도하라고 말했다. 주차장 입구에서부터 몰이 시작하기에 주차장에서부터 좋은 인상을 줘야 쇼핑객을 놓치지 않는다고 한다.

치과도 마찬가지다. 차에서 내린 환자를 신속히 치과로 유도해야한다. 그러기 위해선 주차장에 안내판 설치를 해야 하며, 경비원의 적극적인 소개가 큰 힘이 될 수 있다.

인테리어에서 유의할 점 5가지

 어떤 치과는 이상하게 끌리는 반면 어떤 치과는 이상하게 더 가고 싶은 마음이 들지 않는 경우가 있다. 의사의 진료, 직원 응대, 가격대 등 모든 면에서 흡족하더라도 말이다. 왜 그럴까?

그 이유는 인테리어 때문이다. 인테리어는 얼핏 사소해 보이고 부수적으로 보인다. 하지만 환자에게 결코 그렇지 않다. 환자에게 호감을 주는 인테리어를 한 치과는 환자 재방문율이 높다. 그렇지 않고 부담되거나, 불편한 느낌을 주는 인테리어를 한 치과는 환자 재방문이 떨어진다. 그래서 인테리어를 결코 만만하게 봐서는 안된다.

서울 강북에서 한 치과의사가 많은 돈을 인테리어에 투자하여 개원을 했다. 벽을 수입산 대리석으로 마감하고, 바닥에는 윤기 나는 타일을 깔았으며 고급 가구와 조명을 들여놓았다. 평수도 보통 치과의 세배 정도 되었다. 마치 오성급 호텔 트위

스트 룸에 온 듯한 착각이 들 정도였다.

막상 문을 열었더니 환자가 많지 않았다. 모든 면에서 완벽하게 준비했던 그가 고민에 빠졌다. 그런 끝에 내게 상담을 요청했다. 그곳을 방문을 해보았더니 한눈에 문제점을 알 수 있었다.

인테리어가 호화롭기는 했지만 치과와는 잘 맞지 않았다.

"치과 인테리어의 생명은 뭐니 뭐니해도 편안함입니다. 그런데 이곳은 다소 불편한 느낌이 드네요. 지나치게 비싼 대리석, 가구 등이 오히려 마음을 위축되게 하는 면이 있습니다. 강남의 중심권에 있는 치과에서도 이렇게 호화롭게 인테리어를 한 경우가 많지 않습니다. 그리고 지나치게 공간이 넓어서 환자가 이동하는데 불편합니다. 잘못하면 동선을 놓칠 우려가 있어요."

이렇듯 잘못된 인테리어가 환자의 발걸음을 끊게 만든다. 따라서 인테리어를 치과 본연의 기능에 맞게 세심하게 만들어야한다. 어떻게 하면 실패 없는 인테리어를 할 수 있을까? 다년간 수십 곳 치과 컨설팅을 해온 경험을 토대로 할 때, 편안함을 주고 배려하는 치과 인테리어에서 유념할 사항은 다섯가지이다.

첫째, 조명과 가구의 색, 벽의 색으로 편안함을 주어야한다.

어떤 치과는 오래된 인테리어를 그대로 방치하여 불결함과 불쾌함을 주는 곳이 있다. 또 어떤 치과는 지나치게 호화스럽게 인테리어를 해서 위화감이 드는 곳이 있다. 이는 치과 인테리어의 기본 기능을 망각했다.

치과를 찾는 사람은 아파서 온다. 따라서 치과 인테리어는 환자 입장에서 볼 때 편안함에서 시작하여 편안함으로 끝나야한다.

둘째, 데스크(접수대)는 현관문을 바라보게 해야 한다.

이를 상당수 치과가 놓치는 경우가 많다. 다른 공간을 우선적으로 배치하다 보니 결국 환자를 맞이하는 데스크의 위치가 현관문 옆에 놓이는 경우가 많다. 그래서 현관문을 열고 들어섰을 때 왼쪽 혹은 오른쪽으로 고개를 돌려야 데스크 직원의 얼굴을 볼수 있다. 쌍수 들어 환영해야 할 환자를 이렇게 맞이해야 할 이유가 있을까?

현관문을 열자마자 데스크에서 환하게 웃는 직원의 얼굴이 보이는 것이 환영하기에 더욱 좋다. 이와 함께 데스크가 대기실을 훤하게 볼 수 있는 위치면 금상첨화다. 정리하면, 데스크는 현관문과 대기실을 동시에 한눈에 볼 수 있는 자리가 최상이다. 데스크에 있는 직원은 환자 한명 한명을 세심하게 대응할 수 있고, 환자는 어느 위치에서나 데스크에 집중 할 수 있다.

셋째, 이동해야 하는 환자의 동선을 편리하게 해야 한다.

치과에는 필수적인 공간이 있다. 대기실, X-RAY실, 예진실, 상담실, 진료실이다. 환자는 적어도 다섯 곳을 이동해야 하는데 동선이 복잡한 구조로 되어 있으면 불편함을 느낀다. 직접 환자의 입장이 되어 시뮬레이션을 해보는 게 필요하다. 다음처럼 각 공간이 분리되면서도 공간과 공간과의 동선이 짧은 게 좋다.

대기실 ▸ X-RAY실 ▸ 예진실 ▸ 상담실 ▸ 진료실

넷째, 수술 대기실과 엑스레이 대기실을 이용하여 편리함을 주어야 한다.

만약, 임플란트를 전문으로 하면서 고가 임플란트 진료를 하고 싶은 치과라면, 수술 시 시간이 오래 걸리기에 환자를 잘 배려해야한다. 이때는 오랜 시간 머무는 동안 대우 받고 있다는 느낌이 들도록, 편안한 단독 룸의 수술대기실이 있는 인테리어를 하면 좋다. 환자들은 대우를 받는다면 그만큼 고가의 임플란트 진료를 인정한다.

또한, 엑스레이실 앞에 엑스레이 대기실을 만들면, 환자가 서서 기다리지 않아도 촬영을 할수 있다. 간혹 파노라마 촬영을 하려는 환자가 여럿이 되면 밀리는 경우가 있다. 촬영실 문 앞에 대기실을 만들어 의자를 두고 순서대로 촬영하면 동선이 꼬이는 일이 줄어든다.

보통 인테리어 시 많이 배제 되고 있는 것 중 하나가 대기실이다. 인테리어가 끝나고 진행하면 활용 공간이 없기 때문에 미리 도면이 나올 때 대기실을 넣어 공간 활용에 힘써야한다.

다섯째, 벽 콘센트는 여유롭게 배치해야 한다.

이는 인테리어를 하면서 함께 시공을 하는 게 좋다. 치과가 들어서는 건물의 벽에 설치된 콘센트 수는 그리 많지 않다. 각방에 하나 정도이다. 그런데 치과가 들어서면, 공간을 세분화하여 여러 개의 방을 만든다. 이렇게 하면 기존의 콘센트로는 전기기구와 진료기계를 사용하는데 불편할 수밖에 없다.

세심하지 못한 어떤 치과는 바닥에 아무렇게나 길게 전선을 늘어놓는 경우가 있다. 다른 방에 있는 콘센트에서 전선을 연결하려다가 생긴 일이다. 이유야 어쨌든 그것을 본 환자는 그 치과가 깔끔하지 못하다고 생각할 게 분명하다.

요즘은 벽에 붙어있는 상부장 안쪽에 콘센트를 배치하는 경우가 많아지고 있다. 보통은 선 정리를 하지 않으면 개수대 쪽에 큐어링, 알파베타, 엑스레이 등 충전 선들이 외부로 보여 지저분하게 보인다. 개수대의 깔끔함을 선호한다면 상부장 안에 콘센트를 배치하여 장 속에 넣어 놓도록 해보자.

Chapter 2

치과,
환자가 중심이
되어야 한다

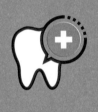

우리병원의 컨셉 정하기

 "애야, 껌 씹고 자는 거 잊지 마라"

대대적인 선풍을 불러온 자일리톨 30초 TV광고다. 이 광고가 나오기 전까지 우리나라 사람은 '껌은 곧 충치' 라는 인식을 갖고 있었다. 그런데 광고를 통해, 건치 국가 핀란드 사람들이 자일리톨 껌을 씹는다는 게 알려졌다. 그러자 치아 건강에 관심이 많은 소비자들이 자일리톨 껌에 열광하기 시작했다. 그 결과 자일리톨 껌은 최 단기에 매출 100억원을 돌파하여 껌 업계 1위 브랜드가 되었다.

처음 자일리톨이 시판되었을 때는 소비자로부터 외면을 받았다. 일반 껌에 비해 가격이 비싼데다 외형도 별 차이를 느끼지 못했기 때문이다. 이런 실패를 딛고 다시 일어나 대성공을 거두었다.

자일리톨이 성공할 수 있었던 이유가 뭘까? 자일리톨은 인기가 없던 제품을 다시 원점에서 새롭게 만들었다. 그 결과,

자이리톨 성분을 100%으로 한 후, 초록색 타블릿 형태의 껌과 오래두고 쉽게 꺼내 먹을 수 있도록 약 병 모양의 플라스틱 원통 케이스가 세상에 나왔다. 다른 껌과 외형부터 차별화된 자일리톨 껌만의 장점을 컨셉으로 잡고 이를 부각시켰다.

이렇게 해서 자일리톨 껌은 자이리톨 성분 100%의 충치 예방 껌으로 포지셔닝이 되었다. 재탄생된 자일리톨 껌은 치아 건강에 민감한 치과 의사와 환자가 중심이 되어 충치 예방 껌으로 크게 입소문을 탔다. 마침내 자일리톨 껌이 기존의 50년 껌 시장의 흐름을 바꿔버렸다.

치과 컨설팅을 할 때 자주 언급하는 이야기다. 치과 개원을 준비하는 치과 의사들의 주된 고민 중의 하나가 컨셉 잡기다. 이를 간과하여 무작정 저렴한 진료비를 내세우거나 백화점식 진료 과목을 나열한다면 환자들로부터 외면을 받기 쉽다.

아무리 탁월한 진료 실력을 갖추고 좋은 입지를 선택하여 치과를 개원했다고 해도 반드시 주변에는 경쟁 치과들이 있기 마련이다. 따라서 수많은 치과들 속에 묻혀버리기 십상이다. 환자의 입장에서는 수많은 치과가 다들 비슷비슷해 보인다.

한번은 치과 실장과 치위생사 대상으로 한 강의 교육장에서 모 치과 의사를 만났다. 그 치과 의사는 치과 관련 유명 블로거였기에 여러 곳에서 강의를 요청받고 있었다. 사실, 그 의사는 유명 프랜차이즈 치과의 페이 닥터였는데 조만간 치과를 개원하려고 준비하고 있었다. 그런 그가 내게 조언을 부탁했다.

"저는 특별히 잘하는 진료 과목이 없습니다. 내세울 만한 치과 연구 경력도 없구요. 그래서 어떻게 차별화된 나만의 치과를 개원해야할지 고민입니다."

"원장님, 치과 컨셉에 대해 고민을 하시는군요."

이후, 그와 여러 차례 만남을 가졌고, 그 결과 그가 가진 차별성은 '강의'였음을 알 수 있었다. 진료를 잘 하는 편이기도 하고, 임상 관련 강의 분야에서 서서히 그의 이름이 알려지고 있었다. 그래서 그 치과 의사에게 이렇게 조언을 해주었다.

"원장님의 강점은 강의입니다. 치과 의사들 중에 강의를 하는 분이 별로 많지 않지요. 그런데 원장님은 강의로 불러주는 곳도 많습니다. 그렇다면 강의하는 치과 의사를 내세워 치과를 포지셔닝하면 어떨까요?"

이렇게 해서 그 치과 의사는 '강의하는 치과 의사'를 컨셉으로 잡고 치과를 개원하기로 했다. 이와 함께 나는 그에게 진료를 하는 틈틈이 강의를 꾸준히 하도록 했다. 머지않아 이 치과가 개원한다는 이야기를 들었다. 생각해보라. 식상한 치과 컨셉들 속에서, '강의하는 치과 의사'라는 이름이 얼마나 신선한가? 이 이름을 접한 환자는 쉽게 잊어버리지 못한다. 또한 치과의사를 가르치는 치과의사로 알려진다면 환자에게도 좋은 이미지를 줄 수 있다.

실로 치과의 컨셉 잡기가 매우 중요하다. 컨셉이 치과의 성패를 좌우한다. 하지만 이를 지나치게 어렵게 접근할 이유가 없다. 차별화된 나만의 강점 하나를 내세우면 된다. 욕심을 부려서 여러 개 강점을 내세우는 건 금물이다. 그러면 초점이 흐려지고 타깃 환자들이 분산되어 버린다.

세계적인 마케팅 전문가 세스 고딘의 『보랏빛 소가 온다』에 나오는 이야기를 해보자. 요가 책이 흔치 않았을 때는 양질의 내용을 갖춘 요가 책을 내는 것만으로 베스트셀러를 장담할 수 있었다고 한다. 그때는 요가에 관심 있는 사람들이 요가 책 서너 권을 쭉 훑어보다가 그 책을 샀다.

그런데 지금은 달라졌다는 것이다. 요가 책이 무려 500권 이상 나왔다. 이제는 요가 책 한권을 꼼꼼하게 읽어보고 사는 사람이 없다는 것이다. 그래서 이제는 리마커블(remarkable) 곧 주목할 만하고 새롭고 흥미진진해야 한다. 그러기 위해선 수많은 누런 소 사이에서 단박에 눈에 띄는 '퍼플카우(보랏빛 소)가 되라고 한다. 세스 고딘은 말했다.

"리마커블 할 수 있는 능력이 시장에서 어마어마한 가치를 지니고 있다는 사실이 계속 증명됨에 따라, 퍼플 카우에 뒤따르는 보상도 증가하고 있다."

차별화된 내 강점을 내세움으로써 퍼플카우가 되어야 한다. 이렇게 하면 경쟁하는 치과는 누런 소가 되고 내 치과는 눈에 띄게 된다. 이로써 더 많은 환자를 강력하게 끌어 모을 수 있다.

피사의 탑은 차별화된 강점 곧 '기울어진 탑'을 컨셉으로 내세워 퍼플카우가 됨으로써 관광객에게 눈에 띄게 되었고, 그 결과 세계적인 관광지가 되었다. 피사의 탑보다 훨씬 웅장한 판테온보다 100배 많은 관광객을 끌어 모으는 데 성공했다.

치과도 마찬가지다. 눈에 띄는 보랏빛 소가 되어야 성공을 거둘 수 있다. 이렇게 하기 위해선 개원 입지 분석이 필수적이다. 그곳이 도시인가? 시골인가? 노인층이 많은가? 젊은 층이 많은가? 이를 파악한 후 이와 부합하는 자신의 장점 하나를 컨셉으로 내세워야한다.

시골 동네는 사람들에게 친근하게 다가가는 이미지가 좋다. 그래서 이런 컨셉이 좋다.

'우리 동네 주치의'

신도시라면 그곳 사람들이 첨단 IT를 선호하기에 이런 컨셉이 좋다.

'디지털 임플란트'

젊은 직장인이 많은 곳이라면 업무로 바쁘기 때문에 이런 컨셉이 좋다.

'하루에 끝내는 치과'

컨셉을 잘 활용하여 결정적인 성공을 거둔 치과가 바로 '예 치과'이다. 치과 업계에서 선구적으로 치과를 서비스업으로 인식하고 고객만족 서비스를 내세운 '명품치과', '서비스 코디 네이터'라는 컨셉을 잡았다. 이와 함께 '예 치과'의 '예'에 고객에게 깍듯하게 응대하는 표현인 "예, 그렇습니다."를 집약시켰다. 이렇듯 치과의 차별화 강점으로 컨셉을 잡아 퍼플카우가 되면 성공이 내다보인다.

순간에 따른 환자 응대하기

 "15초 동안의 결정적 순간에 고객을 어떻게 응대해야하
는지 의견을 주세요."

36세에 최연소로 스칸디나비아 항공사 사장이 된 얀 칼슨이
직원들에게 한 말이다. 이는 적자에 허덕이는 항공사 사장이 된
얀 칼슨이 적자 탈출을 위한 시도였다. 여러 방면으로 고민하던
칼슨은 항공사 특성상 고객과의 접점이 많다는 점을 착안했다.

그래서 직원들을 통해 의견을 받아들인 후, 고객과의 15초
결정적인 순간을 개선해 나갔다. 유니폼을 바꾸고, 서비스 교
육을 강화하는 것과 함께 저렴한 가격을 선보이면서도 정확한
출발 도착 시간을 지켜나갔다.

그 결과, 이 항공사는 단 1년 만에 흑자전환을 이루었다. 게
다가 포춘지에서 비즈니스 여행자의 세계 최고의 항공사로 선
정되었다. 이후, 이 항공사의 경영 노하우가 『Moments Of
Truth: 결정적 순간 고객 접점』으로 출간되었다. 'MOT'라는

용어는 스웨덴 마케팅 학자 리차드 로만이 처음 사용한 기업의 품질경영이론이다. 리차드 로만은 기업과 접촉하는 접점에서 고객이 기업의 이미지를 판단하여 인지하기 때문에 고객과의 접점을 중요시 여기고 이를 잘 활용하라고 했다. 그는 'MOT'를 강조했다.

> "고객 접점에서 기업의 운명이 결정된다. "100-1= 0"이다. 100가지를 잘 해도 1가지를 잘못하면 고객은 불만족해 한다. 다시 말해서 1가지만 만족스럽지 못하더라도 고객은 떠난다."

'MOT'는 기업체는 물론 병의원에서 경영 전략으로 많이 채택이 되고 있다. 특히나 포화 상태에서 치열한 경쟁이 벌어지고 있는 치과 업계에서는 더더욱 필수불가결한 경영 전략이라고 할 수 있다. 이를 무시하고 치과를 경영하는 것은 마치 원장과 전 직원이 모두 눈을 가린 채 환자를 대하는 것과 같다고 할 수 있다. 그러면 고객 만족을 전혀 기대할 수 없다.

따라서 치과에서는 단 15초의 'MOT'에 철저히 만전을 기해야한다. 이를 위해서 우선 환자와의 무수히 많은 접점을 짚고 넘어가야한다. 치과에서 환자와의 접점은 아래처럼 생각 이상으로 많다.

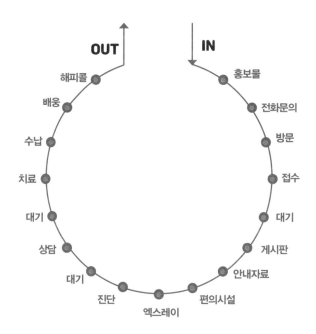

환자가 치과에 방문하기 전, 곧 홍보물을 접하거나 전화문의를 통해서 접점이 만들어진다. 그리고 치과에 들어서고 나서도 매순간 접점이 이어진다. 이와 함께 치과 현관문을 나선 후에도 해피 콜을 통해 접점이 이어진다. 이러한 모든 접점에서 단 하나도 허투루 해서는 안 된다.

최상의 MOT를 만들기 위해서는 치과 MOT 점검표를 만들어, 각 접점마다 체크를 하는 게 도움이 된다. 상·중·하로 각 접점을 빠짐없이 정기적으로 체크를 하다보면, 모든 MOT를 최고 수준으로 끌어올릴 수 있다.

여기에서는 일일이 모든 접점에 대한 노하우를 언급하지 않는다. 대신 다년간 여러 치과를 컨설팅해온 내 경험에 비춰볼 때 가장 중요한 접점 5가지의 노하우를 소개한다. 최소한 이 5가지 접점에서 우리 치과의 컨셉에 맞게 잘 응대하고 멘트를 해야한다.

방문—데스크 직원의 응대

데스크 직원이 친절하게 환자를 맞이해야 한다. 환자가 만족하려면 우선 접수창구가 바로 눈에 들어와야 한다. 그리고 접수창구의 높이는 바닥으로부터 1m가 적당하며, 접수대에는 필기구가 놓여 있어야한다. 또한 접수창구에는 의료진과 전문 과목이 소개되어 있어야한다.

이러한 하드웨어를 기본으로 하고 반드시 지켜야할 것은 환자를 맞이할 때 자리에서 일어서서 환한 표정을 지어야 한다는 점이다. 절대 앉은 채로 맞이하면 안 된다. 앉은 채로 응대를 하면 턱을 올려서 말하거나 눈을 위로 떠서 말하게 되는데, 이때 데스크직원의 표정을 본 환자는 다시는 그 치과에 가고 싶은 마음이 들지 않을 수 있다. 또한 환자가 현관문을 들어서는 순간 15초에, 직원은 일어서서 "안녕하세요~ 접수 도와드릴까요?"라고 환하게 응대해야 한다.

접수 - 문진표 받기

"안녕하세요 코디네이터 000입니다~ 문진표 작성을 도와드
릴게요."

대부분의 신규 환자가 치과에 방문하면 문진표를 작성한다.
이는 과거 병력, 식습관, 약 부작용, 칫솔질 습관 등을 참고하
여 환자의 치료를 정확하게 설정하고자 하는 취지에서 환자에
게 작성하게 하고 있다. 이외에도 치과의 공포와 불안을 해소
시켜주며, 부분 진단을 전체 진단으로 유도할 수 있고, 또 타
치과의 문제점을 알 수 있기에 작성하게 하고 있다.

하지만, 대기실에서 달랑 종이 한 장을 받은 환자가 성실하
게 작성하기가 쉽지 않다. 따라서 직원이 환자 옆에서 설명을
해주고 또 질문을 하면서 한칸 한칸 채워나도록 도움을 주는
게 좋다. 내가 컨설팅 하는 치과의 직원은 환자가 인적 사항을
다 적을 때까지 옆에 서 있는 게 원칙이다. 그리고 문진표를
받을 때는 데스크 직원이 자기소개를 하고 대기 중인 쇼파 옆
에 앉아서 문진표를 받도록 한다.

이게 성가시고 귀찮게 느껴질지 모른다. 하지만 이를 통해 주변 치과와 차별화를 줄수 있다. 문진표를 매개로 환자와 이야기하듯이 묻고 답할 수 있고, 이 과정에서 치과에 대한 공포와 불안을 해소시켜줄 수 있다. 막상 신규 환자는 하루에 평균 4~5명 남짓이다. 따라서 직원이 업무를 보는 사이에 토막 시간을 내면 하기 어렵지 않다.

문진표에는 다른 치과와 차별화하여 다음과 같은 사항이 들어가는 게 좋다.

오늘 어느 곳이 불편하여 내원하였는가?

치료를 받는다면 부분적으로 치료를 원하는가? 전체적으로 상담을 원하는가? 혹은 전체적으로 진단 후 치료를 원하는가?

우리 병원의 내원 경로는 어떻게 되는가?

치과 진료를 받으면서 가장 중요하게 생각하는 것은 무엇인가?

약물 알러지 및 부작용이 있는가?

현재 어떤 약을 복용중인가?

치과 치료를 받은 적은 언제인가?

사보험이 있는가?

임신 가능성이 있는가? 혹은 수유를 진행하고 있는가?

인적사항을 받을 때는 일어서서 진행하기
문진표는 기다리고 있는 대기실 쇼파에 앉아서 함께 진행하기
문진표를 받을 직원의 자기 소개하기
이야기하듯이 환자와 소통하며 문진표 작성하기

진료 – 적극적 응대

진료실에서는 치위생사가 환자 응대에 적극적으로 나서야한다. 우선 데스크 직원으로부터 문진표와 환자에 대한 정보를 잘 접수한 후 이를 원장님에게 착오 없이 전달해야한다. 무엇보다 진료실에서 환자의 이름을 부를 때, 환자분이 올 때까지 기다리지 말고 대기실에서 환자를 직접 모셔 와야 한다. 특히, 신환은 치과의 동선을 잘 모르기 때문이다. 환자를 모셔올 때는 직원이 한 걸음 앞장서서 걷는다. 이는 환자에 대한 깍듯한 예우이다.

진료실에 들어온 환자가 체어에 앉으면, 직원은 자기소개를 한 후 병원의 장점을 간략히 소개한다.

"안녕하세요. 오늘 원장님과 함께 할 *** 위생사입니다."

이렇게 친근감을 유발시키고 나서 이렇게 말을 잇는다.

"우리 병원은 1인1기구 소독을 원칙으로 하고 있습니다. 안전하게 진료 받으세요."

"우리 병원 원장님은 구강악안면외과 전문의세요. 외과진료라 소독을 철저히 진행하고 있습니다. 안전하게 진료 받으세요."

이런 멘트를 통해 병원의 장점을 부각시킬 수 있다. 이때 환자들이 보는 앞에서 소독을 돌린 기구를 개봉하는 게 좋다. 바쁘다는 핑계로 미리 기구를 개봉해두는 곳도 있다. 하지만 눈 앞에서 개봉을 하면 환자들이 더욱 신뢰감을 가질 수 있다는 점을 놓치지 말아야 한다.

POINT

대기실로 나와 안내하면서 모시고 가기
오늘 진료를 도와드릴 직원이 자기소개 하며 인사하기
우리 병원의 장점을 간략하게 소개하기
멸균소독에 대한 이야기를 진행하고 기구 개봉하기

원장님 상담 – 신뢰감 주기
원장님이 직접 자기 명함을 환자에게 드려야한다. 이때 아이컨택을 하면서 인사를 하는 게 좋다.

"안녕하세요~ 대표원장 ***입니다"

보통 의사들은 환자분의 뒤쪽 편에서 인사를 하거나 옆에서 인사를 하게 되는데, 브라켓 테이블을 좀 더 밀고, 환자분의 앞에서 인사를 하는 것이 좋다. 의사는 의사로서의 친근감과 신뢰감이 들도록 세심하게 말을 해야 한다. 그리고 환자 입장에서 쉽게 알아들을 수 있도록 길지 않게 설명해야한다. 이때, 치료 진단 시 직원과 환자가 함께 들을 수 있도록 명확하게 전달 해두어야 한다.

> **POINT**
>
> 원장님의 명함을 환자에게 전달하기
> 환자와 마주보고 인사하기
> 진단 시 치식을 불러주어 정확히 전달하기

실장님 상담 - 환자 입장 배려

문진표를 통해 환자를 꼼꼼하게 파악하는 게 필수다. 이를 바탕으로 급하지 않게 환자와 대화를 이어가면서, 환자가 원하는 것을 밝히게 하자. 그리고 치아에 대한 걱정을 덜어드리고, 우리 치과의 치료비가 결코 비싸지 않다는 점을 강조하라.

"환자분이 원하시는 게 치료이세요? 상담이세요?"

"저는 원장님이 설명해주신 치료 내역으로 계획을 세워주는 사람이라고 생각해주세요."

"큰 걱정은 안 하셔도 됩니다. 원장님의 진료는 신뢰하셔도 되세요~"

"대학병원보다 치료비가 저렴합니다."

"저는 돈 이야기를 하는 사람이 아니라, 치아 치료를 잘 할 수 있도록 도와주는 설계사입니다."

환자의 입장을 고려 할 수 있는 부분을 파악하기 위해서는, 원장님의 진단 시 옆에 있으면서 함께 들어야 한다.

POINT

문진표를 꼼꼼하게 체크하고 환자와의 공감 요소 만들기
상담실에서 자기소개와 명함을 전달하기
진단 시 원장님 옆에서 함께 듣기
우리 병원의 장점과 환자와의 라포 형성하기

치과 매뉴얼이 시스템의 기본이다

 치과가 잘 되지 않는 이유가 뭘까? 원장의 지도 관리 소홀 및 경영 미숙, 직원들의 태만, 원장과 직원 간 불통, 진료와 치료 실력 저하, 과도한 지출 등이 거론될 수 있다. 컨설팅 전문가로서 볼 때 이는 부분적인 면이라고 생각한다. 이런 부분적인 문제점이 나올 수밖에 없는 보다 큰 원인이 있다.

그건 바로 시스템의 부재다. 매출 하락으로 전전긍긍하는 치과는 어김없이 시스템이 잘 장착되어 있지 못하다는 특징을 가지고 있다. 그리고 각 구성원간의 역할 분담과 유기적인 조직화가 이루어지지 못한다. 그래서 각 팀원이 중구난방으로 놀게 되고, 빈틈 없는 업무 협조와 수행이 이루어지지 못한다.

시스템이 치과에 자리 잡기 위해서는 각 부서, 팀이 체계적으로 조직이 되고 또 역할 분담이 되어야하며, 명확하게 업무 매뉴얼이 마련되어야한다. 무엇보다 중요한 건 매뉴얼이다. 각 부서, 팀별로 구체적인 매뉴얼이 만들어질 때, 치과가 하나의 유기체처럼 한 몸이 되어 일사분란하게 움직이게 된다.

시스템화 된 매뉴얼이 없으면 환자 입장에서는 불만이 생길 수밖에 없다.

"직원마다 인사하고 응대하는 게 다 다르네요. 다른 치과 직원이 섞여있는 것 같아요. 단골 환자가 되면 치과 직원들의 응대와 접수, 진료가 익숙해지기 마련인데, 매번 직원에 따라 바뀌니까 혼란스럽네요."

치과 원장은 아무렇지 않을까? 그렇지 않다. 매뉴얼이 없으면 직원 교육을 해야 하는 치과 원장도 난감해진다. 손발이 척척 맞던 직원이 그만두고, 새 직원 들어오면 교육을 시켜야하는데 이때 매뉴얼이 없으면 직원 교육할 때 당황스럽다. 일정한 기준이 없기 때문에 그때그때마다 다르게 변할 수가 있고 또, 매번 새 직원에게 반복적으로 설명해야하는 고충이 생긴다. 그래서 이렇게 말하는 원장을 자주 접한다.

"기껏 다 가르쳐 놨는데 또 다른 직원을 가르치는 것을 반복하게 되니까 불쑥 회의감이 듭니다."

따라서 치과 시스템을 위한 매뉴얼이 매우 중요하다. 매뉴얼의 뜻은 '사용설명서'다. 직원들이 척척 차질 없이 업무를 할수 있도록 세세하게 사용법을 설명해 놓은 것이 바로 매뉴얼이다.

구체적으로 잘 만들어진 매뉴얼은 직원이 스스로 무엇을 어떻게 해야 할지에 대한 행동 지침을 숙지할 수 있도록 도와준다. 이렇게 해서 그때그때마다 예기치 않은 상황이 발생될 때에도 당황하지 않고 매끄럽게 업무를 진행할 수 있다.

자그만 규모의 치과 원장은 매뉴얼이라고 하면 거창한 것으로 오해하기도 한다. 매뉴얼 제작에 전문적인 기술이 필요한 것도 아니고, 많은 시간이 소요되는 것도 아니다. 치과에서 수없이 반복되는 교육 자료를 한 문서에 정리를 해놓으면 이게 바로 매뉴얼이 된다.

많은 치과 원장님이 궁금해 하는 '고객응대 매뉴얼'을 예로 들어보자. 이를 외부 컨설팅 기관에 의뢰해서 만들어야할 필요가 없다. 자체적으로 수년간 교육을 반복해오면서 잡아놓은 '약속'을 일목요연하게 정리하면 끝이다.

나는 시스템의 기본이 되는 매뉴얼에 대해 이렇게 강조하고 있다.

"직원들과의 약속이 매뉴얼입니다. 고객응대를 이렇게 하자고 약속해둔 것, 신경치료를 이렇게 하자, 재료는 이렇게 쓰자, 임플란트 수술 방을 이렇게 차리자 등등 우리가 교육을 진행한 후 정리가 된 것이 바로 매뉴얼입니다."

이 매뉴얼은 새로 들어오는 직원에게 매우 유용하다. "항상 병원에서 어깨너머로 배웠어요"라고 말하는 직원들이 많다. 이런 직원들일수록 그 병원에 잘 적응하지 못하기에 이탈율이 높다. 그런데 새로 들어온 직원이 매뉴얼을 받고 공부를 하면, 낯선 조직의 업무 방식에 금방 적응할 수 있다. 매뉴얼은 새 직원으로 하여금 우리는 한 가족이라는 느낌을 불러일으킨다.

수많은 글로벌 기업들이 일본의 도요타의 생산 시스템을 배우러 견학을 온다. 도요타에는 일류 기업으로 만든 '도요타 생산 시스템'이 있다. 이는 거창해 보이지만 작고 사소한 메모가 오랫동안 모아져서 만들어졌다. 현장에서 근무하는 직원들이 최고 품질을 만들기 위해 연구했던 사례를 연필로 적어두었는데, 이것이 10년간 꾸준히 모여 매뉴얼로 정리되었다. 이것이 바로 '도요타 생산 시스템'이다.

치과의 시스템을 위한 매뉴얼도 어려울 게 없다. 직원들이 약속한 것을 잘 정리하고, 또 직원 교육 후에 자료집을 허투로 버리지 말고 잘 모아두면 이게 바로 우리 치과의 매뉴얼이 된다. 그럼 우리 병원에서 사용 할, 가장 핵심이 되는 치과매뉴얼 10가지 포인트를 소개하고자 한다. 아래와 같이 꼼꼼하게 각 상황과 부서, 담당자에 맞게 매뉴얼을 마련해 보자.

01. 외부 안내

주차장 안내, 병원 위치 안내, 주차권 안내, 전화 안내 멘트, 우리 병원철학 및 우리 병원 컨셉 알리는 멘트

02. 신환응대 및 고객접수

인사하기, 인적사항 받기, 청구프로그램 접수, 문진표 접수, 진료실에서 환자 알리는 무전, 신규환자 C.C 진료실에 전달

03. 진료실 응대

파노라마 촬영하러갈 때 스몰토크, 파노라마 촬영시 환자응대, 예진실 체어 선택하기, 환자 가방 및 짐 옷장에 넣기(열쇠두기), 직원소개, 기구 개봉시 멘트, 종이컵 비치, 파노라마 띄우기 순서, 구강포토 촬영, 촬영 장수

04. 원장님 진단

대기 시간 원장님 스타화 전략, 원장님 인사, 환자 C.C 전달, 진단시 실장님 호출, 원장님 진단의 순서, PI 및 치료 계획 세우기, 원장님 포지션, 진단 클로징 멘트

05. 상담실

상담실 선택, 상담실에서 환자응대 및 인사

06. 상담 진행

이벤트 비용 및 날짜, 우리병원 수가표 정리, 수납 분납

횟수, 환자 할인율

07. 진료실 치료응대

위임진료의 범위, 무통주사의 사용 안내, 표면마취제
사용, 치료후 대기실 모실 때 동선, 환자 치료 데스크에
전달, 환자에게 끝인사, 챠팅하기, 처치 버튼

08. 예약 및 수납

치료계획서 표시 및 수납계획서

09. 챠팅

챠팅색 구분하기, 넥스트, 직원이름, 내용정리

10. 외부 마케팅

블로그 디자인 시안 업체, 블로그 관리, 병원 핸드폰
사용 관리

임플란트를 경험하고 시스템을 장착하라

치과에는 실장이 있다. 상담을 전담하는 상담 실장과 상담과 경영 전체를 아우르는 총괄실장이 있다. 보통은 상담실장이 경영을 아우르는 경우가 많다. 나는 처음 동네 치과에서 상담을 전담하는 실장을 하다가 시간이 지나 치과 경영 전반을 관리하는 총괄실장 역할을 했다.

총괄 실장을 할 때 내가 해야 했던 가장 중요한 일이 치과 시스템 장착이었다. 환자응대, 상담, 진료, 직원 교육, 마케팅 등 전반에 걸친 매뉴얼이 유기적으로 결합된 시스템을 만드는 게 매우 긴급한 일이었다. 의외로 나는 큰 문제없이 이 일을 무난하게 잘 해낼 수 있었다. 그 결과 내가 실장으로 있는 치과는 환자들로 문전성시를 이루었다.

강의와 교육을 할 때 많은 분이 내게 묻는다. 치위생사 출신도 아닌데 대체 어떻게 해서 치과 시스템을 잘 장착할 수 있느냐고 말이다. 이에 나는 이렇게 답한다.

"저는 상담 실장을 할 때 환자의 입장을 잘 알아야 한다고 생각했어요. 환자가 하는 치료를 다 해봐야한다고 생각했습니다. 이렇게 해서 치과 대부분의 치료를 직접 다 경험했습니다. 그러고 나니 환자에 대해 전 보다 선명하게 알게 되었고, 이를 바탕으로 상담을 잘 할 수 있었습니다. 이후, 치과 경영을 할 때도 환자를 잘 알게 되니까 시스템을 꼼꼼하게 잘 만들 수 있었지요."

치과의 치료를 직접 경험한 실장과 그렇지 않는 실장의 차이는 크다. 환자가 겪는 치료를 경험하고 나면 환자의 마음을 잘 알게 되어 공감하기가 쉽다. 또한 환자가 원하는 것이 무엇인지를 단박에 파악할 수 있다.

- 표면마취를 해본 적이 있는가?
- 잇몸치료를 해본 적이 있는가?
- 신경치료를 해본 적이 있는가?
- 임플란트를 해본 적이 있는가?
- 발치를 해본 적이 있는가?
- 전치부 마취를 해본 적이 있는가?
- 사랑니 발치를 해본 적이 있는가?

실장이라면 이 질문 중 자신이 한 치료는 몇 개 정도 해당이 되는지 생각해야한다. 나는 이 모든 것을 경험했다. 환자의 속마음을 잘 이해하기 위해서 말이다. 지금으로부터 십여년 전내가 실장으로 있던 동네 치과 원장님에게 요청했다.

"원장님 저 마취 해주세요. 하악 블록 마취도 좋고, 전치부구개 마취도 좋아요. 마취를 좀 해주시면 안 될까요?"

원장님이 의아해 했지만, 내가 상담에 필요하다고 하자 흔쾌히 마취를 해주었다. 그런데 너무나 아팠다. 이 덕에 알아낸 것이 원장님의 마취가 굉장히 아프다는 점이었는데, 특히 마취액이 차가우면 정말 아팠다. 이 계기로 나는 마취액을 손에 꼭 쥐어 체온의 온도를 유지하는 습관이 생겼다. 환자의 고통을 줄여주기 위해서 말이다.

마취를 통해 배운 게 있자, 원장님에게 또 요구를 했다. 이번에는 잇몸치료를 해달라고 했다. 이 또한 직접 경험을 해보니, 박박 긁어내는 소리가 거북했고 또 마취가 끝나는 순간이 개운하지 않았다. 덕분에 환자들이 잇몸치료를 받고 나서 며칠 간 음식을 씹을 때 아프며, 치아에 힘이 잘 안들어 가고 또 치아가 들뜬 느낌이 든다는 것을 알 수 있었다.

이후, 신경치료와 임플란트를 경험했다. 신경치료를 하면서 배운 게 참 많다. 무엇보다 치료 중에 씹으면 정말 아팠다. 그래서 반대편으로 씹게 되는데, 이것 또한 굉장히 불편했다. 치료 도중 치아가 조금이라도 대합치랑 닿으면 심하게 아팠다.

신경치료 둘째 날, 마취가 잘 안 됐다. 너무 그쪽으로 씹어서 아픈 것이 문제였을까? 아플 때 마취하면 마취가 잘 안된다던데, 그 이야기가 맞는 듯했다. 마취를 신경에 바로 넣었다. "잠깐만 참으시면 되요." 라고 했던 말이 진짜였다. 마취를 하고 "윽"하는 순간, 1초 지났을까? 정말 안 아프다. 이래서 신경에 바로 마취하는가 보구나 하고 생각했다. 대신, 마취 안 되었을 때 치아 안에 파일이 들어오는 기분은 정밀 무엇이라고 설명하기가 어렵다.

당일 신경치료가 끝난 후, 압력에 의해 통증이 4일 정도 간 것 같다. 신경치료가 끝나면 치아를 손으로 톡톡 건들기만 해도 아팠다. 대신, 시간이 지날수록 점점 통증이 사라졌다.

그 다음, 치아를 뽑고 임플란트를 진행했다. 바로 #45 신경치료를 한 치아다. 다른 치아는 발치를 할 엄두가 나지 않았다. 대구치는 일단 씹어야 하니, 소구치는 가능하지 않을까하는 생각을 했다. 치아를 뽑는 날, 기둥까지 세워둔 치아라 뽑는 것이 만만치 않았다. 크라운을 잡으면 툭하고 부러져 나오는데, 소리가 너무 무서웠다. 뭔가 부수고 있다는 느낌을 받았다.

다행히 치아는 깨끗하게 나온 편이였고, 그 안에 임플란트를 식립하기 위해 드릴링을 진행했다. 두려웠다. 치과에서 일을 했지만, 멸균이 되어있는 수술실에 얼굴 소독까지 마치고 누워있는 동안 얼마나 떨렸는지 지금 다시 생각해도 오싹하다. 드릴링은 턱의 진동을 주고, 턱에 힘을 주어야 할 정도로 묵직했다. 계속해서 무서웠다. 임플란트가 보편화되지 않았던 때라 잘못 되는 건 아닌지, 하악 신경관을 잘못 건드리는 건 아닌지, 턱에 구멍이 나는 건 아닌지, 마취가 잘 안되어 풀리는 건 아닌지 하고 말이다.

머리의 턱 쪽이다 보니 소리가 크게 들렸다. 물도 많이 고였고, 소독포를 뒤집어쓰고 있어서 손도 들지 못하는 불편함이 컸다. 임플란트는 고객의 입장에서 보면 두려움으로 다가온다. 의료진들은 필요하기 때문에 하는 것이고 별것 아니라고 생각하겠지만, 그 잠깐의 20분 동안 공포가 지속되었다.

지금 #46번 치아 원심(distal) 쪽 금(crack)이 생긴 지 6년 정도 흘렀다. 아직도 이 치아 덕에 모니터링(치과 몰래 훔쳐보기)를 하는데, 없으면 C.C(chief complaint)가 없다. 지인 원장님들은 왜 이 치아를 치료하지 않고 가지고 있느냐 물어보기도 한다. 계속 금이 진행되면 나중에 빼야 하지 않느냐고, 지금 씌워도 늦은 것 같다고 하면서 말이다.

하지만 치아에 금이 가는 것이 드문 일이라 아직 치료하지 않고 쓰고 있다. 정확히 말하면 쓰지는 못한다. 치아에 금이 가면 금이 가 있는 포인트가 있는데, 그 부분으로 씹게 되면 너무 아프기 때문이다. 특히 금이 나있는 치아는 물었을 때보다 순간적으로 뗄 때가 더 아프다. 현재 금이 점점 크게 보이고 있지만, 아직도 사용 중이다.

아마도 언젠가는 다시 임플란트를 해야 할 것 같다.

실장으로서 환자의 입장이 되어 여러 가지 치료를 다해보았다. 그러자 그 전에는 알지 못했던 점들을 알 수 있었고, 이 과정에서 환자들에게 필요한 게 무엇인지를 배울 수 있었다. 또한 이런 경험을 통해 환자의 입장에서 환자에게 한발 더 다가가는 환자 중심의 치과 시스템을 장착 할 수 있었다. 간혹 지인 몇 분이 그렇다고 시스템 장착을 위해 마루타처럼 그 고통스러운 치료를 할 필요가 있느냐고 반문한다. 하지만 나는 확고하게 말한다.

"환자를 알고 시스템을 장착하는 것과 모르고 장착하는 것은 차원이 달라요. 지금의 나를 만들어 준 건 내가 직접 했던 치료 체험입니다."

우리 병원만의 챠팅 방법을 정하자

새로 생긴 치과에 컨설팅하러 가보면 챠팅에 혼란을 겪고 있을 때가 많다. 이는 단지 종이 챠트를 쓰느냐, 전자 챠트를 쓰느냐 때문에 생긴 게 아니다. 이는 원장과 직원들이 하나의 기준을 갖고 챠트를 작성하지 않기 때문에 생긴다.

챠트는 모든 병원이 예외 없이 법적으로 일정한 요건에 맞게 작성해야한다. 주로 환자의 증상과 진단 및 치료 내용 등을 보건복지부령으로 정하는 의료행위에 관한 사항과 의견을 상세히 기록하고 서명해야한다.

이러한 챠트가 필요한 이유가 뭘까? 우선 환자의 질병, 치료와 경과에 대한 서류상의 증거를 남기기 위해서다. 그리고 환자에게 일관성 있게 치료를 제공할 수 있는 근거자료가 되기에 치료에 참가한 의료팀의 원활한 의사소통의 수단이 된다. 그리고 이와 함께 법적 문제 발생 시 증거 자료가 된다.

기록이라는 면에서 챠트는 반드시 필요한 진료기록부라고

할 수 있다. 하지만 챠팅의 일정한 기준이 없으면, 매번 챠팅을 할 때마다 혼선을 빚는다. 그 결과 직원이 봐도 잘 이해할수 없고, 직원과 원장과의 소통에 문제가 생긴다. 따라서 치과에서는 자기만의 챠팅 방법을 만드는 게 바람직하다. 다음 세가지는 일목요연한 챠팅을 위해 꼭 필요하다.

첫째, 우선 청구 프로그램을 정해야한다.
요즘은 시간을 아낄 수 있고 체계적인 프로그램이 많이 나와있으며 갈수록 업그레이드되고 있다. 따라서 이 가운데 무엇을 사용할지를 정하자.

둘째, 다음은 환자 차트에 작성되어야 할 내용을 순서대로 정해야한다.
모든 직원들이 어떤 내용을 어떤 순서대로 작성해야 하는지를 알게 되면 좀 더 편리해질 수 있다. 챠트의 내용과 작성의 순서는 이렇다.

    1) 환자의 C.C(chief complaint)

    2) x-ray 사진 / 파노라마 사진

    3) 판독소견

    4) 원장의 진단 내용 및 치료계획

    5) 오늘의 치료 내용 및 날짜와 시간

6) 환자에게 전달하는 주의 사항

7) 원장 및 직원 서명(sign)

8) 다음 치료(next)

9) 해피콜 내용

이렇게 정리하는 순서를 약속 해두면, 치과 의료진 모두 한 눈에 볼 수 있다. 치과를 진단하러 가보면, 챠트를 많이 확인 하는데 뒤죽박죽 되어있는 경우가 있다. 그로 인해 문제가 생긴다. 환자가 와서 지난번에 어떤 이야기를 했는지 확인이 불가하다. 운 좋을 경우에는 한참 찾아야만 보이는 글을 금방 찾기도 하지만 보통은 쭉 읽어나가야 어떤 이야기를 했는지 알 수 있다. 그리고 환자가 오늘 아파서 왔다는 c.c만 적혀져 있을 뿐, 원장이 한 이야기는 나와 있지 않는 경우가 있다.

이렇게 되면 환자들에게 좋은 응대를 할 수 없다. 추가해서 원장님이 어떤 이야기를 했는지, 환자가 어떤 대답을 해줬는지 꼼꼼하게 정리해야한다. 그래야 차후 생길 수 있는 컴플레인을 방지 할 수가 있다.

셋째, 챠트 색을 정해야한다.

차트를 보면 글자색이 모두 같을 때가 많다. 차트의 순서를 정해 두었으면 차트 색을 원장, 직원, 환자, 해피콜에 따라 다르게 하는 것이 좋다. 예를 들어 보면 이렇다.

- 검은색 – 치료내용
- 파란색 – 원장이야기
- 빨간색 – 환자이야기
- 초록색 – 직원이야기
- 보라색 – 해피콜

이렇게 하면 어떤 이점이 있을까? 우선, 직원의 입장에서 이점이 있다. 환자가 내원했다고 하자. 계속 아프다고 이야기를 했을 때 직원이 어떻게 응대를 했는지 한눈에 볼 수 있다. 차트를 읽어 내려가면서 색을 검토하면 된다. 재빨리 빨간색을 찾으면 환자가 이야기한 것이 나오므로 환자에게 보다 친절하고 빠른 응대가 가능하다.

다음은 원장에게도 이점이 있다. 자신이 이야기 한 내용을 보려고 시간을 낭비할 필요가 없다. 파란색 글자를 확인하면 된다. 신속히 환자가 어떤 이야기를 했는지, 원장이 어떤 이야기를 했는지 확인하고 나면, 환자 진료를 더 잘 할 수 있다. 내가 컨설팅하는 곳은 원장이 이야기 한 색을 파란색으로 하고 그 앞에 @를 붙여서 작성을 하게 하는데, 챠트중에 @가 붙는다면 원장의 글이 더욱 잘 보이게 된다. 이는 직원들과 함께 회의를 통해 변경하는 것이 좋다.

결론적으로 챠팅의 핵심은 작성 방법을 정해야한다는 것이다. 일단 작성법을 정하고 나면 전과 달리 작성 시에 우왕좌왕하는 일이 없고, 또 차트를 볼 때 시간 낭비가 없다. 이렇게 일관성 있게 챠팅을 해놓으면 의료 분쟁을 피해나갈 때 큰 도움이 된다는 점도 기억해두자. 잘 만들어진 차트가 환자 응대의 질을 높이고 내원 환자를 늘인다.

치과의 정(情) 이벤트 만들기

"어머님, 카네이션 달아드릴게요."

어버이날에 온아 치과에서는 어르신에게 카네이션을 달아드린다. 대다수 어르신은 카네이션을 하고 오지만 일부 어르신은 그렇지 못하다. 특히나 자식과 떨어져 지내는 어르신이 카네이션을 달지 못하는 경우가 많다. 꽃 하나 정도에 불과하지만 그걸 달지 못한 어르신의 마음이 좋지 않다.

그래서 치과 직원들이 내 부모님을 대하듯 다정다감하게 어르신을 대하면서 꽃을 달아드린다. 그러면 어르신들이 너무나 좋아하신다. 연로하신 그분들 중에는 눈물을 글썽이는 경우도 있다. 환한 미소를 지으며 어르신은 자꾸 직원의 손을 어루만진다.

"자식들보다 더 나은 것 같아. 자식 얼굴은 일 년에 한두 번밖에 못 봐. 근데 카네이션을 달아주는 치과 직원은 아무 때나 볼 수가 있잖아. 여기 직원은 내 딸들이야."

실제로 매번 어버이날이 오면 이런 일이 자주 있다. 자그마한 꽃 선물 하나에 어르신은 크게 감동을 한다. 이렇게 해마다 진심을 갖고 이벤트를 해오다보니, 어르신들은 치아에 별 문제가 없어도 자주 치과를 찾아온다. 그러곤 이런 반응을 보여주신다.

한 어르신은 이렇게 말씀하신다.

"임플란트 한 거 이상이 없어. 튼튼해. 오늘은 그냥 다른 치아에 문제가 없는지 알아보려고 왔어. 시원한 곳에서 공짜 홍차도 마실 겸 말이야."

한 어르신은 이렇게 말씀하신다.

"내가 이 실장에게 중매 서준다고 했잖아. 좋은 사람 있는데 어때 만나 보시겠수?"

한 어르신은 이렇게 말씀하신다.

"서울 사는 큰 아들에게 여기 치과 치료 잘 한다고 소개해줬어. 연차내서 내려올 거야. 잘 해줘요."

어르신을 위한 자그마한 이벤트 하나가 이렇게 대단한 효과를 낸다. 엄청난 비용으로 홍보를 하는 것보다 몇 배 낫다. 이렇게 해서 한번 고객이 되신 어르신은 절대 다른 곳으로 바꾸지 않을뿐더러 다른 환자를 소개해주신다.

어르신에게 카네이션 하나가 이처럼 큰 영향을 발휘하는 이유가 뭘까? 그것은 다른 데 있지 않다. 어르신은 누구보다 정(情)

에 목말라 있다. 그런 어르신에게 치과 직원들이 평소 배려하면서 어버이날에 카네이션을 달아드리면 매우 흡족해하신다.

흔히, 치과에서는 고객 감동 서비스를 강조한다. 개인적으로 볼 때 고객이 감동하는 서비스라고 해서 대단한 게 없다고 본다. 어버이날에 어르신에게 카네이션을 달아드리는 게 고객 감동 서비스라고 본다. 치과에서는 정(情)을 나누는 이벤트를 통해 최고의 고객 감동을 이끌어낼 수 있다.

불황기일수록 '웜 마케팅(Warm Marketing)'이 뜬다. 이는 가족, 나눔, 정과 같은 따뜻한 감성을 자극 하는 마케팅을 말한다. 기업에서 아무리 제품의 우수성을 대대적으로 홍보해서 구매하라고 해도 고객은 더 이상 귀담아 듣지 않는다. 그런 홍보에 이미 질려버린 탓이다. 이제는 감성적으로 접근하는 게 필요하다. 가족끼리, 친구끼리, 이웃끼리 제품을 사용하면서 정과 나눔, 가족을 강조하는 장면을 보여주는 것만으로 고객은 큰 반응을 보인다. 대표적으로 가족과 이웃과의 정(情)을 강조한 오리온 '정(情) 초코파이'를 들 수 있다. 따뜻하게 정을 나누는 CF 장면만으로도 고객은 감동을 받고, 누군가와 정을 나누기 위해 초코파이를 구매한다.

온아 치과의 경우, 어버이날에 어르신들에게 카네이션을 달아드리는 게 바로 '웜 마케팅(Warm Marketing)' 이벤트이다. 정을 나누는 따뜻한 이벤트 마케팅 말이다. 치과에서 환자와 직원 사이에 정을 나누는 따뜻한 이벤트로 할수 있는 게 많다. 사소해 보이는 이벤트 하나하나가 모이면 정말 대단한 위력을 발휘한다. 그 이벤트를 통해 정을 느낀 환자는 충성 고객이 되고 또 자발적으로 환자를 소개해준다.

특히나 정을 나누는 따뜻한 이벤트를 통해 치과를 내방한 환자의 두 가지 불안 심리를 잠재울 수 있다. 하나는 치료에 대한 공포감, 다른 하나는 비싼 비용에 대한 부담감이다. 그러면 치과에서 손쉽게 해볼 수 있는 따뜻한 정 이벤트 8가지를 알아보자.

첫 환자 대상 추첨 뽑기

신규 환자를 감동시켜야 재방문을 한다. 따라서 특별하게 신경써서 이벤트를 하자. 추첨을 해서 칫솔, 과자, 장바구니, 치실 등을 선물하도록 하자. 룰렛을 이용하는 것도 좋고, 바구니에 상품이 적힌 종이를 넣어 추첨해도 좋다. 오늘 첫 내원에 감사하여 선물을 드리는 것으로 끝나는 것이 아니라, 조금 더 친근하게 고객과 관계를 유지 할 수 있는 디딤돌이 된다. 이렇게 감동 받은 첫 환자는 다른 곳으로 갈 생각을 하지 못한다.

환자와 함께 사진 찍기

원장, 직원이 시간을 내서 환자와 사진을 찍어보자. 바쁘고 성가시다는 핑계로 이를 놓치기 쉽다. 그렇다고 특별한 환자하고 만 사진을 찍는 것도 좋지 않다. 공평하게 모든 환자와 함께 활짝 웃는 모습의 사진을 찍어서 게시판에 붙여놓자. 그러면 이 사진이 자석처럼 그 환자를 계속 끌어당기는 것을 볼 수 있다.

친절 직원 뽑기

환자들에게 "친절한 직원을 뽑아주세요"하고 말하면서 소소한 선물을 드리자. 이를 통해 직원과 환자 사이에 가로놓인 마음의 벽이 확 허물어지는 것을 체험할 수 있다.

어버이날 카네이션 달아드리기

어르신에게는 특히 어버이날에 잘 해드리는 게 특효다. 어르신은 이날 카네이션을 달아준 것을 절대 잊지 못한다.

추석 선물 주기

마음이 풍요로워지는 때 그대로 지나쳐서는 곤란하다. 환자의 치료 케이스 및 소개고객을 많이 창출한 환자분들을 선정하여 과일, 과자, 한우 등을 추첨해서 선물하는 게 좋다.

치아의 날 행사

6월 9일 치아의 날은 곧 치과의 날이자 환자의 날이다. 치과 입장에서는 환자의 날로 만들어줘야 한다. 이날 선물을 주거나, 칫솔질 교육, 무료 불소 진료 이벤트 등을 통해 환자가 치아에 관심을 갖도록 하자.

매달 추첨

이벤트를 아예 매달 특정일에 한 번씩 하는 것으로 못 박는 게 좋다. 그러면 환자들은 자주 이벤트를 하는 치과 이미지를 가질 수 있다. 그만큼 치과는 정이 많은 치과로 보일 수 있다.

연말 손 편지 보내기

한 해를 마무리 할 때 방점을 찍어야한다. 다른 무엇보다 직접 손글씨로 쓴 편지를 환자에게 전달해주자. 손글씨로 적힌 진정성 어린 편지를 받은 환자는 가까운 지인에게 편지를 받은 것처럼 큰 감동을 받는다. 특히, 고객 소개를 많이 해주신 분들을 선정해서 해드리는 것이 좋다.

Chapter

3

끌리는 치과는
1%가 다르다

자기 소개하는 원장이 경쟁력이다

나는 많은 시간을 치과 모니터링에 바친다. 그 가운데 잘되는 병원도 있지만 잘 되지 않는 병원도 있다. 치과를 내원할 때마다 생각에 빠진다.

'이 치과는 어떤 점 때문에 환자들이 많이 몰릴까?'

'이 치과가 어떤 점 때문에 환자가 없을까?'

수많은 모니터링을 통해 배운 게 많다. 그 가운데서 잘되는 치과와 잘 되지 않는 치과의 차이를 가르는 원장의 노하우를 알고 있다. 알고 보면 극히 사소한 것이다. 이것은 직접 실천을 할 때 엄청난 환자 응대력을 발휘한다. 이벤트, 선물 증정, 할인 진료 이상으로 효과가 있다. 사례를 들어본다.

잘 안 되는 치과 사례다.

여느 때처럼 한 치과를 내원해서 접수를 하고 대기실에 들어갔다. 모니터링을 위해 치료를 받지 않고 버틸 때까지 버틴 치아들이 있었다. 이 치아들이 있기에 어느 치과든 진단을 받으러 갈 수 있다. 치아가 더 불편하기 전에 치료를 해야겠다고 생각을 하고 있을 때 그 치과를 찾았다.

이윽고 직원이 나의 이름을 불러주었다. 나는 진료실로 들어가서 체어에 앉았다. 직원이 다가와 나를 눕히고 얼굴에 소공포를 덮어 주었다.

'아 예진을 먼저 하는가 보구나.'

생각하면서 눈을 감았다. 곧이어 직원이 내 구강 안을 요리조리 보더니 챠트에 글을 작성하는 소리가 들렸다. 얼마 후, 나를 일으켜 세워주겠지 하는 찰나에 발걸음 소리가 들려왔다. 원장님인 듯 했다. 그 의사는 소공포에 덮인 채 누워있는 내게 인사를 했다

"안녕하세요. 치아를 좀 보겠습니다."

그 의사는 내 구강 안을 보면서 이것저것 이야기를 한다. 충치가 있고, 치아에 금이 가 있으며, 치료하는 게 좋겠다고 말한다. 그리고 나는 체어에서 일으켜 세워졌고 입을 헹구었다. 곧바로 뒤에 있을 것이라고 생각한 의사에게 인사를 하려고 고개를 돌렸다. 하지만 의사는 없었다. 그 대신 직원이 치료에 대한 이야기를 해주었다. 원장님이 어떻게 생겼는지 알 수 없었다. 나는 의사의 얼굴을 보지 못 한 것에 큰 충격을 받으며 나올 수밖에 없었다. 정신을 차리고 둘러보니 대기실에는 환

자가 한명도 앉아있지 않았다.

잘 되는 치과 사례다.

한 치과에서 접수를 하고 기다리고 있었다. 진료실 직원이 나에게 와서 원장님이 진료 중이므로 한 3분 만 대기해 주시면 바로 들어갈 수 있다고 이야기를 해주었다. 다른 병원에서는 기다리지 않고 바로 들어갔지만, 고작 몇 분쯤 기다리는 게 큰 문제로 보이지 않았다. 기다리면서 생각했다.

'이번에는 원장님의 얼굴을 볼 수 있을까?'

직원의 부름에 진료실로 들어가서 체어에 앉았다. 그리고 얼마 뒤에 의사가 나를 불렀다.

"이다혜님? 안녕하세요. ***원장입니다."

순간 나는 그 원장님의 얼굴을 가까이서 볼 수 있었다. 더욱이 체어에 앉아 얼굴을 돌리지 않아도 되는 위치인, 내 앞에서 인사를 하는 것이 아닌가? 이것만이 아니다. 어느 사이 내 손에는 의사의 명함이 들려있었다. 그때서야 주변을 둘러보았더니, 5개의 체어에 모두 환자들이 앉아있었다. 나올 때 보니 대기실에도 많은 환자들이 앉아 있었다.

이 사례에서처럼 잘되는 치과와 안 되는 치과의 차이를 만드는 원장의 노하우는 뭘까? 그렇다. 원장의 자기소개다. 이

사소한 것을 외면하는 치과에는 환자들의 발길이 끊기지만, 꾸준히 하는 치과에는 환자들로 문전성시를 이룬다. 이는 수많은 치과를 발품으로 팔아서 직접 모니터링을 해본 결과이다.

원장은 환자에게 인사를 하는 것이 부끄러울 수 있다. 처음 보는 환자이기도 하고, 굳이 인사까지 해야 하는가 싶다. 실제로 대부분의 치과에서 원장이 자기소개를 하는 경우는 거의 없다. 기본적으로 그런 일을 할 필요성을 느끼지 못하기 때문이다.

세일즈맨이라면 고객을 처음 만났을 때, 깍듯하게 자기소개를 하는 게 필수다. 이렇게 해서 고객에게 친밀감과 신뢰감을 전달해 줄 수 있고, 이를 기반으로 세일즈라는 목적을 달성하는 데에 도움을 받을 수 있기 때문이다. 이렇듯, 원장이 치과를 의료 서비스를 세일즈하는 곳이라는 마인드를 갖고 적극적으로 환자에게 자기를 소개하는 게 필요하다. 환자들은 원장을 보고 치료 동의를 하는 경우가 많이 생긴다. 따라서 병원 현관에서 데스크의 첫인상이 중요하듯, 진료실에서는 의사의 첫인상이 매우 중요하지 않을까? 이와 함께 원장이 간략하게나마 자신을 소개하면서 명함을 전달해준다면, 환자의 반응이 매우 좋을 것이다.

'역시, 의사 선생님이 듬직하시네.'

'환자에게 명함까지 주시다니, 내가 개인적으로 친한 사이

가 된듯하네.'

이때 명함에는 원장의 약력이 들어가되, 개인 휴대폰 번호를 넣지 않는 게 좋다. 전화 연락은 치과 데스크로 통일하는 게 좋다.

자기소개를 잘 하려면 의사는 위치를 잘 잡아야한다. 의사가 진료할 때 편한 위치에 앉아서 환자와 인사를 하는 건 바람직하지 않다. 환자가 정면의 모니터에 시선을 고정한 채 앉아 있고, 의사는 환자의 옆이나 뒤에 있으면 환자와 의사의 소통이 원만히 이루어지지 못한다. 커뮤니케이션이 잘 되려면 상대와 눈을 마주쳐야한다.

따라서 환자 입장에서 45도 각도 앞에 의사가 앉아 있는 게 좋다. 환자와 의사는 모니터를 보는 것과 함께 서로 눈을 마주치며 대화를 나눌수 있다. 이렇게 의사가 적절한 포지션을 유지하면 환자의 불안감은 줄고 대신 신뢰감이 수직상승한다.

환자를 서글서글하게 웃으며 맞이해주는 원장님은 동네 주치의 같다. 환자 한 명 한 명을 친근하게 대하면서 자기를 소개하니 말이다. 환자들에게 친밀감과 신뢰감을 주는 치과는 바로 원장의 인사부터 시작된다.

원장의 태도가 병원 이미지를 결정한다

상담 실장으로 있을 때 만난 두 환자가 있다. 이 두 분은 원래 다른 치과를 갔다가 불쾌한 일로 내가 근무하는 치과로 내원했다. 이 두 분의 공통점은 전에 방문했던 치과 원장의 불친절한 태도에 불만을 가졌다는 점이다. 두 분 다 시키지도 않았는데 치과 원장에 대해 볼멘소리를 했다.

한 직장인은 이렇게 말했다.

"내가 사는 아파트 단지 앞 상가 건물에 새로 치과가 생겼지 뭡니까. 외국 명문대 출신에다 임상 경력이 많다고 하더라구요. 막상 가봤더니, 인테리어도 최고인 데다가 직원들이 싹싹하게 대해줘서 잘 찾아왔구나 생각했죠. 그런데 원장을 만난 순간 완전 실망했어요. 다리를 꼬고 앉은 태도가 어찌나 거만하던지, 내가 거기 직원이라도 되는 줄 알았다니까요. 게다가 원장이 말끝마다 영어를 쓰면서 어려운 의학 용어를 쓰는 통에 뭔 말이지 모르겠더라구요. 그래서 다시는 가고 싶지 않더라구요."

한 주부는 이렇게 말했다.

"소문을 듣고 유명 프랜차이즈 치과에서 아이 충치 치료를 했죠. 그런데 치료 후에 아이가 자꾸 아프다고 칭얼대서 다시 찾아갔어요. 그랬더니 울상을 짓는 아이를 보자 혼 내키는 말투로 울지 말라고 하는 거예요. 더 가관인 건 아이를 본채 만채하면서, 기분 탓이라고 하는 거 있죠. 그리고 나서는 아무 이상 없다 하기에 치과를 나왔는데 너무 기분이 상했습니다."

이 두 분은 전에 내원한 치과 원장의 불친절한 태도를 문제삼았다. 그래서 내가 근무하는 치과로 발걸음을 돌려버렸다. 일단 이렇게 발길을 돌리고 나면 주변에 치과가 많기 때문에 전에 갔던 치과를 내원하는 일은 많지 않다. 이 두 분이 전에 찾았던 치과는 직원의 친절, 진료 실력, 인테리어 등 면에서는 모두 만족스러웠지만 단 하나 원장의 불친절한 태도 때문에 병원의 이미지를 구겨버렸다.

요즘 의사는 권위적으로 보이지 않으려고 많이 노력하고 있다. 하지만 간혹 몇몇 병원에서는 그렇지 않는 경우가 있다. 다리를 꼬고 환자와 이야기를 한다든지, 모니터를 툭툭 쳐가면서 치아 부위를 짚어주고 또 세 번째 손가락을 사용해 가면서 가리키는 원장이 있다. 여기에다 말을 할 때 의자에 앉은 채로 왔다 갔다 하는 원장이 있다.

나는 컨설팅을 들어가 직원교육을 진행할 뿐만 아니라 원장에 대한 환자 응대 교육도 시킨다. 이때 내가 사용하는 가장 효과적인 방법은 원장의 행동과 태도를 동영상으로 찍는 것이다. 막상 동영상을 보여주면서 원장의 태도를 수정하길 원하면 다들 놀란다.

"와~ 나는 몰랐어요. 내가 이렇게 하고 있었나요?"

이는 크게 신경을 쓰지 않았기 때문이다. 그래서 무의식적으로 그런 행동이 나오고 그것이 습관화되어버렸다. 나는 의사들에게 환자에게 보이는 행동에 주의를 하라고 조언한다. 환자들은 의사와 이야기를 할 때 의사에게 집중하는데 자칫 잘못하다가는 의사로서 신뢰를 잃어버리는 경우가 생길 수 있다.

환자에게 호감을 주는 치과로 다가가려면 의사가 솔선수범하여 친절한 태도를 보여줘야 한다. 이때 잘못된 습관을 고치려면 동영상을 촬영해서 관찰하는 것이 좋다. 치과 원장은 더 이상 진단, 치료, 수술을 전담하고 그것을 최고 수준으로 높이는 것에만 만족하지 말아야한다. 치료 실력 외적인 것이 원장과 환자가 만날 때 크게 작용하기 때문이다. 의사는 몸소 치과의 친절을 보여줘야 한다. 직원들과 상담실장들에게 요구하는 수준만큼 자신도 직접 환자가 만족할 만한 친절함을 실천해야

한다.

한 치과 의사는 똑같은 말도 환자가 좋지 않은 느낌이 들게 말을 했다.

"치아가 많이 흔들리네요? 이 치아는 빼야 될 것 같은데~"

이런 말투에 기분이 좋을 환자는 없다. 이는 다음처럼 긍정적으로 순화하는 게 좋다.

"안타깝지만 치아가 많이 흔들리고 있어요. 지금 빼내지 않으면 옆 치아도 살리지 못하실 것 같네요. 너무 늦게 오셨어요. 조금만 일찍 오시지 그러셨어요~"

이 말투에는 환자를 걱정하는 마음이 뚝뚝 묻어나지 않는가? 의사는 기본적으로 환자에게 설명 의무가 있다. 진료 설명과 자기 결정을 위한 설명 의무 두 가지다. 환자가 잘 이해되도록 설명을 해야 환자가 불만을 표시하지 않는다. 이를 잘 하기 위해선 스피치 능력을 향상시켜야 한다.

그렇다고 특별히 스피치 트레이닝을 받을 필요는 없다. 시간을 내서 집중적으로 원장 자신이 말하는 것을 동영상 촬영하여 문제점을 개선하는 것으로 족하다. 이때, 사투리, 말끝 흐리기, 영어 많이 쓰기, 의학 전문 용어 쓰기, 거센 억양, 부정적인 말투 그리고 말할 때의 표정과 자세를 교정해야한다.

의사가 환자에게 호감을 주기 위해 해야 할 일은 그리 대단한 것이 아니다. 당연히 해야 할 것을 조금 더 신경을 쓰기만

하면 된다. 말투, 자세, 제스처, 표정 등을 환자에게 다가갈 수 있도록 조금씩 고쳐 가면 된다. 이렇게 하면 원장의 태도에서 환자들이 친절함을 발견하게 되고 그에 따라 치과 이미지가 반짝반짝 빛나게 된다.

환자 눈높이에 맞게 상담하라

모든 치과에서 중요시하는 게 상담이다. 상담은 상담 실장뿐만 아니라 원장도 하는데 간혹 원장이 상담을 잘 못하는 경우가 있다. 그렇다고 원장이 상담을 소홀히 하는 건 아니다. 대체로 원장은 상담 시 요령을 습득하고 있다. 그런데도 왜 환자가 만족하는 상담이 이루어지 못하는 걸까?

이는 원장이 환자의 눈높이를 맞추어 상담을 하지 않기 때문이다. 연령별, 직업별, 취미별, 학력별 환자마다 성향이 각기 다르다. 이를 캐치하고 그에 맞추어 상담을 하면 환자는 원장이 하는 말을 잘 알아듣는다. 그렇지 못할 경우에는 원장의 말이 선뜻 이해되지 않고 또 가슴에 와 닿지 않는다. 그 바람에 소통이 잘 안되어 환자가 만족할 만한 상담이 이루어지 못한다.

오래 전 내가 근무하는 치과에 한 할머니가 5번이나 찾아와서 같은 말을 반복했다. 그러면서도 치료는 받지 않았다. 말이 잘 통하지 않아서 답답하기만 했다. 그런 할머니에게 상담실장은 보호자와 함께 오시라고 이야기를 했다. 그러자 자식이 없는데 왜 자꾸 보호자를 들먹이냐며 원장을 찾았다. 하는 수 없이 원장님과 한번 더 이야기를 나눌 수 있도록 진료실로 모셨다.

대체, 저 할머니는 어떤 것이 궁금해서 치료도 안 받고 5번이나 내원하여 같은 이야기만 하는 것일까? 궁금한 나머지 진료실로 들어갔다. 역시나 원장님과의 대화도 진진되지 못했다.

"그래서 나는 어떻게 하면 된다고?"

"원장님이 보시기엔 내 치아가 이렇게 하면 씹을 수 있을 거 같아요?"

"지금 해야 된다는 치료가 어떤 건데?"

"나는 안 씌워도 된다니깐 자꾸 그러네~ 그니깐 치료만 좀 해달라구요. 충치 치룬가 뭔가~ 그것만 하자고."

반복되는 이야기에 원장님이 답답하신 모양이다. 하지만 원장님은 계속해서 그 할머니의 말상대가 되어줄 여유가 없었다. 원장님은 상담실장에게 다시 한 번 이야기를 잘 해드리라고 하고 다른 환자분들 보러 갔다. 상담실장이 할머니와 대화를 하러 들어가려고 할 때 그 순간 내가 제지했다.

"내가 할머니와 대화를 할 테니 자리를 안내해주세요."

자리 안내 후, 단둘이 상담실에서 마주 보고 앉았다. 역시나 할머니는 같은 말을 반복했다. 이번에는 마음의 여유를 갖고 경청해 보았다. 왜 할머니가 이렇게 나올까 하고 생각을 해 보았다.

얼마 지나지 않아 그 원인이 무엇인지를 깨달았다. 연로하신 할머니는 치과의 전문용어가 생소했기에 그 말을 이해할 수 없었던 것이다. 보철이 뭔 줄 모르고, 신경치료가 뭔 줄 몰랐다. 그럼에도 불구하고 원장님이 신경치료는 이렇게 해야 하고, 보철을 이렇게 씌워야 한다고 이야기를 했으니, 할머니는 하나도 무슨 말인지 이해할 수 없었던 것이다. 할머니는 모르겠다는 표정을 짓고 있었다.

그러면서도 할머니는 씹고 싶다는 의지가 확고했다. 그랬기 때문에 5번이나 같은 치과를 찾은 것이다. 하지만 이번 상황에서 보면 원장님이 상담을 잘 하지 못했다는 걸 알 수 있었다. 원장님은 늘 상 해오는 방식대로 할머니에게 진료 상담을 했다. 거의 대부분의 환자는 원장의 말을 다 이해한다. 그런데 이 할머니는 예외였다. 여기서 중요 포인트는 상담 동의율을 높이기 위해 환자 입장을 배려해야하는 상담자의 역할을 놓쳐버렸다는 것이다.

원장님이 할머니에게 이렇게 말해줬다면 더 좋지 않았을까?

"할머님 씹는 게 어려우셔서 빨리 하고 싶으신 건 알겠어요 (할머니 마음 공감)~ 하지만 할머님 치아로 씹을 수 있으려면 튼튼하게 머리 부분을 만들어야 하고, 머리에 안전 모자도 씌워주는 치료도 해야 되세요(보철 설명)~ 그래서 씹기까지 시간이 좀 오래 걸릴 것 같아요(기간설명)~ 제가 잘 씹게 해드릴 테니깐 일단 치아 보호하는 머리부터 씌워주고, 틀니 쓰실 때 튼튼해야 되니깐 그것부터 하세요~(희망설명)"

쉽게 풀어서 이야기 해주면 할머니도 금방 알아듣는다. 상담에서 환자의 눈높이를 맞춰야 하는 건 흔하게 놓치고 있는 것이다. 조금만 환자를 배려한다면 이를 방지 할 수 있는데도 말이다.

엄마는 아이와 대화를 할 때 눈높이를 맞춘다. 성인의 말을 아이가 이해하기 힘들다. 엄마는 무수히 아이와 소통을 하면서 이를 자각한다. 그래서 아이가 불량 식품을 먹으려고 할 때, 엄마는 구구한 설명이나 지시를 하지 않는다. 간단히 이렇게 눈높이에 맞는 말을 건네는 게 효과적이다.

"이걸 먹으면 배가 아야아야 아파요. 병원에 가서 주사를 맞아야 해요."

이렇듯 환자의 성향을 잘 고려해서 환자의 눈높이를 맞춰야 상담이 성공적으로 진행된다. 좀 더 전문적인 팁을 드리자면, 사람들마다 특정 감각이 발달되어있는데 이에 맞게 말하는 게 좋다. 말끝마다 "눈에 선해요."라고 말하는 사람은 시각이 발달해 있고, "달달하네요."라고 말하는 사람은 미각이 발달해

있으며, "듣고 싶어요"라고 말하는 사람은 청각이 발달한 사람이다.

따라서 환자와 상담을 할 때 환자 감각의 눈높이를 맞추어 보자. 시각이 발달한 환자와 상담할 때는 "눈에 선하게 보여드리겠습니다."라고 하고, 미각이 발달된 환자와 상담할 때는 "달콤한 이야기를 들려드리겠습니다."라고 하고, 청각이 발달된 환자와 상담할 때는 "자세하게 들려드리겠습니다."라고 말하자. 이렇게 하면 환자와 의사 사이에 훈훈한 공감대가 형성되어 원활한 상담이 이루어진다.

환자 앞에서 직원을 존중하라

치과 원장님과 함께 직원 면접을 자주 본다. 이때마다 지원자들로부터 듣는 이야기가 있다. 원장님이 면접 때와 진료 때가 너무 다르다는 것이다. 어떤 지원자는 감정이 북받쳐서 하소연하듯이 말하고, 또 어떤 지원자는 치를 떨면서 말한다.

실제로, 주변의 치과 원장이 시도 때도 없이 욕을 하는 경우가 있다. 너무 심해서 인격을 모독할 정도다.

"너는 학교를 왜 나왔니? 머리에 똥만 들었니?"

"네가 하는 일이 다 그렇지 일처리 진짜 못하네."

"그러니깐 네가 그렇게 못하는 거야."

이렇게 차마 입에 담을 수도 없는 말을 퍼붓는 일이 비일비재하다. 더욱이 환자들이 보는 앞에서 반말로 무안을 주는 경우가 있다. 어찌 보면, 고용주 입장에서 일이 바쁜데 직원이 일을 잘 하지 못하니까 순간적으로 욕을 할 수가 있지 않느냐고 생각하는 분들도 있으리라.

하지만 환자 앞에서 인격 모독을 당하는 직원 입장도 생각해야한다. 대다수가 여성인 직원은 심한 상처를 받는다. 그래서 인터넷 위생사 카페에 들어가 보면, 치과 원장에 대한 욕이 끝도 없이 이어진다.

다른 무엇보다 환자 앞에서 직원 무안 주기는 절대 삼가야 한다. 그런데도 왜 원장이 직원을 무시하는 걸까? 그 진정한 이유는 직원이 진료실에서 실수를 하는 경우 원장이 어떻게 대처해야 할지 모르고 있기 때문이다. 그래서 치과 원장은 직원이 일 처리를 잘 하지 못할 때 즉각적으로 신경질적인 말을 해댄다. 당장 진료를 차질 없이 진행해야하기에 말이다. 그런데 간과하고 있는 것은 막상 무안을 주었을 때, 그것을 환자가 다 보고 있다는 사실이다.

그러면 어떻게 하는 게 좋을까? 이럴 때는 곧바로 환자 앞에서 거친 말을 표현하는 게 아니라 진료가 끝나고 난 후 원장실에서 따로 말하는 게 좋다. 이때 잘못한 행동에 한해서 지적하고 고쳐주기를 바라는 게 좋다. 절대 인격적으로 지적하는 일은 삼가야한다.

이때 도움이 되는 대화법이 '비폭력 대화법'이다. 이는 바셀 B. 로젠버그의 『비폭력 대화: nonviolent communication』에서 소개한 대화법으로 관찰, 느낌, 필요, 부탁 4단계를 따라서 대화하는 방법이다. 이에 따르면 먼저 정확하고 객관적인

'관찰'을 한 후, 그에 대한 자신의 '느낌'을 표현하라고 한다. 그 다음에 마음속에서 생긴 '필요'를 인지하고, 이를 상대에게 '부탁'하라고 한다. 이때 구체적으로 부탁해야 상대방이 잘 받아들인다고 한다.

예를 들어 보자. 직원이 재료를 잘못 준비했다고 하자. 이때 원장은 나를 주어로 해서 관찰, 느낌, 필요, 부탁 4단계에 맞추어 말하면 된다. 다음처럼 말하면 직원은 존중받는 느낌을 받을 수 있다.

> 원장: 나는 네가 엉뚱한 재료를 준비한 걸 여러 번 확인했어(관찰). 사실 그래서 실망스러워요(느낌). 다시 이런 일이 반복되어서는 안돼요(필요). 네가 성실하게 진료 업무를 잘 하기 바라(부탁)

모든 직원은 원장으로부터 존중 받기를 원한다. 따라서 직원에게 욕을 자제하는 것에 그쳐서는 안 된다. 보다 적극적으로 직원을 존중하는 데 앞장서야한다. 그 방법의 하나가 바로 칭찬하기다.

예를 들어 스켈링을 할 때 원장이 직원에게 칭찬을 해줄 수 있다. 일부 환자는 원장이 스켈링을 해주길 원하는 경우가 있다. 이때, 원장은 스켈링이 위생사의 업무임을 알려주면서, 직원을 칭찬하는 것이다. 이렇게 하면 환자도 긍정적으로 받아들인다.

> "우리 직원들이 스켈링을 너무 잘합니다. 이번에도 스켈링 잘하는 직원분이 해드릴테니 걱정마세요~"

> "치료를 하시기 전에 우리 직원부터 소개 해드릴게요 이 직원이 스켈링을 안 아프게 참 잘합니다."

직원은 원장에게 존중받고 있다는 느낌을 받을 때 이직율이 가장 낮다. 그와 함께 동기부여 된 직원은 그만큼 자기 실력을 마음껏 발휘하게 된다. 이는 치과 매출 상승으로 직결이 된다. 따라서 실력 좋은 직원을 구하지 못한다고 한탄만 할 게 아니라, 현재 근무하는 직원에게 아낌없이 존중을 표시하자.

직원 몰입과 이직 방지의 최고 권위자 폴 마르시아노는 누군가가 가진 것을 최대한 끌어내고 싶다면 그를 존중하라고 한다. 그가 존중을 받을 때 더욱 열심히 일한다고 한다. 그는 『존중하라: 존중 받는 직원이 일을 즐긴다』에서 이렇게 말했다.

> "존중은 모든 인간관계와 사회생활의 기반이며, 직원 몰입의 필수 조건이다. 존중이 없는 관계는 유지될 수 없다.

어떤 사람을 존중하면 그 사람에 대한 몰입도가 높아지고, 존중하지 않게 되면 그 사람에게서 멀어진다. 자신이 존중하지 않는 사람이나 팀, 조직에 헌신하는 것은 불가능에 가깝다."

우리 동네 1등 치과 만들기

원장의 진단과 실장의 상담을 일치시켜라

"지금 무슨 말하는 거예요? 방금 전 원장님 말과 다르잖아요. 내가 누구 장단에 맞춰야할지 모르겠네요. 병원에 원장 따로 실장 따로 있는 것도 아닌데 왜 말이 다르죠?"

한 치과의 상담 실장으로 있을 때였다. 참으로 당황스러운 일을 맞닥뜨렸다. 내가 다른 환자 고객을 응대하고 나서 급히 상담실에 들어와 환자와 상담을 했다. 처음엔 환자가 내 말을 잘 듣는 듯했다. 그런데 도중에 눈을 크게 뜨면서 화를 냈다.

원장님의 진단과 내가 진행하는 상담이 달랐기 때문이었다. 순간적으로 아차 했다. 너무나 바쁜 나머지 내가 원장님이 환자를 진단할 때 옆에 있어야 한다는 걸 놓쳐버렸다. 그래서 원장님이 정확히 어떤 진단을 내렸는지를 파악할 수 없었다. 아무리 베테랑 상담 실장이라고 해도 원장님의 진단과 다른 말을 한다면, 환자는 신뢰감을 잃어버린다. 원장님 말도, 상담실장의 말도 믿을 수 없게 된다.

이런 계기로 치과 직원 교육을 할 때, 늘 이렇게 강조한다.

"원장이 환자 상태를 진단할 때 반드시 상담자가 옆에 있어야합니다. 원장이 진단한 내용을 하나도 놓치지 말고 잘 기억한 후, 그와 정확히 일치되게 환자와 상담을 이어가야합니다. 절대로 원장의 말과 상담자의 말이 달라져서는 곤란합니다."

나는 여러 치과 컨설팅을 해오면서 환자 입장이 되어 문제점을 찾고 그 해법을 도출하고 있다. 이때, 원장이 진단하는 과정을 관심 있게 모니터링을 한다. 그러고 나서 원장에게 효과적인 진단 요령을 알려준다. 환자들의 마음의 문을 여는 원장의 진단 요령은 다음과 같다.

- 횡설수설한 설명을 하지 않는다.
- 설명이 너무 길지 않게 진행한다.
- 선택이 아닌 필수를 이야기해야 한다.
- 환자의 구강을 걱정해 주어야 한다.
- 추가 진단이 나오지 않도록 치료 진단 시 명확해야한다.
- 클로징 멘트를 할 때 더 궁금한 것이 없는지 꼭 질문을 해야 한다.

위 내용처럼 환자에게 정확하고 필요한 치료를 권장하는 원장의 진단을 통해 환자들은 상담실에 가기 전 이미 마음을 굳힌다. 명확하게 이야기한 원장의 말을 듣고 수술을 결심하고 상담실에 들어오는 경우가 있다. 그런데 이렇게만 해서, 모든 환자의 동의율을 높이는데 성공한다면 얼마나 좋을까? 실제로는 또 다른 변수가 있다.

아무리 원장이 진단을 잘 했다고 하더라고 상담자가 그와 보조를 잘 맞춰야한다. 바로, 원장의 진단과 상담자의 상담이 일치해야한다는 것이다. 쉽게 말해 서로 말이 다르지 않아야 한다는 것이다. 원장과 상담자는 서로 각기 다른 역할을 하다 보니 의견의 차이가 생기는 게 당연하다. 이를 그대로 방치한 다면 원장의 말과 상담자의 말이 다르기 때문에 결국 환자의 신뢰를 잃어버리고 만다.

따라서 이를 방지하기 위해 원장이 진단할 때 반드시 상담 자가 옆에 있어야한다. 만약 상담자가 원장의 진단을 정확히 인지하지 못할 경우, 다음과 같은 의문점이 생긴다.

- 원장이 진행한다는 진단의 내용이 왜 이렇게 되었는가?
- 환자에게 이 치아의 치료에 대해 어떻게 이야기를 했는가?
- 앞으로 어떤 치료 계획을 세우면서 가기로 했는가?
- 임플란트를 하는데 뼈 이식을 넣는다고 했는가?

이러한 의문점을 갖고 상담자가 환자와 상담을 하면, 필연적으로 원장의 진단과 다른 상담을 할 수밖에 없다. 그래서 상담자는 원장이 환자와 이야기를 할 때 그것을 잘 들어야 상담을 할 때 다른 말이 나오지 않는다.

그럼에도 피치 못할 사정이 생길 수 있다. 만약 상담자가 다른 환자와 상담을 하고 있어서 원장의 진단을 확인하지 못할 때다. 이 경우 원장은 별도로 상담자에게 정확하게 진단 내용을 전달해야 한다. 하지만 원장의 진단 현장에 있지 못했기에 진단 내용을 완전히 숙지하는 게 쉽지 않다. 그래서 상담 시 크고 작은 불일치가 생길 수 있다.

거듭 말하지만 환자들은 말 바뀌는 것을 매우 싫어한다. 원장의 진단과 상담자의 상담이 같지 않으면 신뢰의 상징인 병원에 대한 불신이 생기고 만다. 원장은 이렇게 이야기했는데, 왜 상담자는 왜 이렇게 이야기 하는 것인가라고 의심을 갖는 순간 환자와의 소통이 끝난다. 아무리 원장이 실력 좋고 친절하게 응대했더라도 일단 상담자의 말이 원장의 말과 다르면, 환자는 그 원장을 비 호감으로 낙인찍고 만다.

원장 진단과 상담자 상담의 일관성을 높여주기 위해 원장은 다음 5가지에 유의해야한다. 이를 잘 지켜서 원장과 상담자의 말이 일치할 때 환자는 스스럼 없이 마음의 문을 연다.

1. 치식을 정확하게 불러주는 것이 좋다.
2. 진단과 설명이 끝나고 상담자와 파노라마를 확인하며 잠깐 이야기를 나누는 것이 좋다.
3. 잇몸치료가 들어가야 할 부분을 놓치지 말아야 한다.
4. 임플란트 식립 시 뼈 이식을 해야 하는지 확인을 해주어야 한다.
5. 레진 ▸ 인레이 변경, 인레이 ▸ 신경치료, 신경치료 ▸ 발치 등 변경할 치아를 알려주어야 한다.

원장이 함께 상담 동의율을 올려라

"상담 동의율이 낮아서 너무 걱정입니다."

치과 컨설팅을 하러 다니면서 많이 듣는 이야기다. 사실, 매출과 직결되는 게 상담 동의율이기에 매출 걱정 없는 치과에서는 상담 동의율에 대해 별 신경을 쓰지 않는다. 그런데 경기 한파와 경쟁 과다로 인해 갈수록 매출이 하락하다보니, 대부분의 치과가 상담 동의율을 끌어올리기 위해 갖은 노력을 다한다.

간혹, 일부 치과 원장은 '상담은 상담실장이 전담하는 것'으로 착각하는 경우가 있다. 그래서 상담 동의율이 떨어지면 그걸 전적으로 상담실장의 책임으로 돌리고 해고하는 일이 더러 있다. 이는 상당히 편협한 시각이 아닐 수 없다. 매출이 높은, 소위 잘나가는 치과들은 어김없이 원장이 몸소 상담 동의율을 책임진다는 마인드를 갖고 있기 때문이다.

그렇다고 원장이 특별히 수고스러운 일을 하는 게 아니다. 원장은 환자에게 상담자의 말을 먼저 이야기를 해주면서 상담자를 도와주면 된다. 예를 들면 이렇다. 한 치과에서 네비게이션 임플란트를 진행한다고 하자. 원장님은 네비게이션을 진행하고 싶었고, 상담자에게 이야기 했다.

"네비게이션 임플란트로 설명해서 진행해주세요."

그럼 상담자는 네비게이션에 대해 이야기를 할 것이다. 이것으로 끝이면 상담 동의율은 고만고만하다. 하지만, 원장이 진단하고 설명을 할 때, 환자에게 이런 이야기를 해준다면 어떨까?

"임플란트를 하셔야 합니다. 안전하고 정확하게 하는 것으로 네비게이션 임플란트가 있습니다. 환자분의 상태를 보니, 하치조 신경과의 위험도를 봐서 이 임플란트를 하는 것이 좋겠네요~ 제가 실장님께 전달해 드릴 테니 한번 설명을 듣고 결정해주세요~"

그러면 환자는 상담실에 들어서자마자 "원장님이 네비게이션 임플란트 하라고 하던데?"라고 말을 한다. 이렇게 하면 훨씬 상담이 매끄럽게 이어진다. 원장이 환자에게 상담자가 할 말을 한번 언급을 해주는 것만으로도 환자의 상담 동의율이 쑥쑥 올라간다.

이번에는 실례를 들어보자. 임플란트 환자가 유독 많은 한 치과가 있었다. 그런데 동의가 잘 안 되는 것 같다면서 그 원장님이 내게 상담을 요청해왔다. 막상 치과를 방문해보니, 아니나 다를까 임플란트 케이스가 많았다. 여러 날에 걸친 모니터링 끝에, 원장님에게 이런 조언을 했다.

"우선 환자분에게 CT 촬영하는 것에 동의하냐고 물으세요. 그 다음 환자분들에게 '우리 병원은 정확한 진단을 위해 3차원 CT촬영을 해드립니다'라고 이야기 하시고, 원장님이 CT분석만 하러 상담실로 들어가 주세요."

그리고 상담실에서 이런 두 가지 멘트를 해달라고 요청했다.

"환자분의 진단을 정확하게 해보았습니다. 다행히 임플란트가 가능하시고, 안전하게 들어갈 수 있겠네요~"

"임플란트 걱정 많이 하셨을 것 같은데, CT 함께 보시면 뼈가 아주 좋습니다. 저 믿고 임플란트 진행하시면 좋겠습니다."

이 말을 끝으로 원장에게 상담실에서 나오도록 했다. 그 결과가 어땠을까? 놀랍게도 환자의 동의율이 눈에 띄게 높아졌다. 단지 원장이 상담자가 할 말을 미리 해주고, 또 상담실을 잠깐 방문해 한마디를 해주는 것만으로 동의율이 높아졌다.

이런 사례는 부지기수로 많다. 거의 대부분 치과의 골칫거리가 바로 환자 동의율이다. 그런데 이 문제를 해결하는 것은 상담자의 몫이 아니다. 전적으로 상담자에게만 맡겼을 때는 저조한 동의율을 보인다. 이와 반면에 원장이 사소한 한 마디로 상담을 도와주고, 또 잠깐 상담실에 얼굴을 비춰주면 동의율이 쑥쑥 올라갔다.

아직도 상담자를 도와달라고 말하면, "내가 돈 이야기를 해야 하나요?"라고 반문하는 원장이 있는가? 이 원장은 현실을 몰라도 너무 모르고 있다. 상담 실장은 돈 이야기 하는 사람이 아니라 치아 치료를 위해 진단을 명확하게 해주고, 치료에 도움을 주는 사람이다. 따라서 원장은 상담자와 함께 상담 동의율을 올려야한다는 마인드를 가져야한다.

환자에게 진심어린 관심을 가져라

잘 되는 병원이라고 소문난 광주 C 치과에 들렀을 때다. 그 치과의 소문을 접했을 때 의아스러웠다. 그 치과는 유동인구가 많은 상가지역에 위치해있지도 않았고, 또한 특별한 직원 교육을 시키지도 않았음에도 불구하고 소위 잘 되는 치과였기 때문이다. 그렇다면 원장님의 출중한 실력 때문일까? 그것도 아니라고 생각했다. 내가 알아본 바로는 그 치과 원장의 실력이 유별나게 뛰어난 것도 아니었다.

그렇다면 어떤 점이 지방 도시의 한 변두리에 있는 치과를 이토록 유명하게 만들었을까? 나는 내내 그 궁금증을 안고 그 치과의 문을 열고 들어섰다. 현관과 대기실의 인테리어가 눈에 확 뜰 정도로 특별하거나 고급스럽지 않았다. 어느 치과에서나 볼 수 있는 평범한 인테리어였다.

몇 걸음 안으로 들어서자마자 유별난 장면이 눈에 들어왔다. 50대 후반쯤으로 보이는 원장님이 대기실에 나와 환자와 이야기를 나누고 있었다. 환자는 나이가 60대 후반으로 보였다. 한눈에 보기에도 서로 오랫동안 친교를 나눠온 사이처럼 보였다.

마치, 지역에서 알고 지내는 선후배 사이가 아닌지 착각할 정도로 너무나 허물없이 다정다감하게 이야기를 나누고 있었다. 나는 호기심에 가까이 다가가 이야기를 엿들어 보았다.

"일이 바빠서 아드님 결혼식에 참석 못해서 죄송합니다."

"아녜요. 별말씀을. 축의금 잘 받았습니다. 신경써줘서 고맙네요. 참, 아들이 고맙다고 한번 찾아뵙겠다고 합니다."

"아드님이 서울에 계신다고 하셨죠? 작년에 취직 준비한다고 들었는데 잘 되었나보네요."

"아이구 그걸 기억하시네요. 올해 초에 공무원 시험에 합격되었지 뭡니까? 직장을 얻으니까 속전속결로 장가를 들었죠."

"잘 되었군요. 아드님 치료받은 어금니가 상태가 어떤지 궁금한데 한번 찾아오라고 전해주세요. 잘 봐드릴게요."

"아무렴요. 아들이 치아 상태도 점검할 겸 원장님 뵈러 꼭 온답니다."

이 대화를 엿듣고 난 순간, 궁금증이 스스로 풀렸다. 이런 원장님이라면 아무리 유동인구가 적은 동네 치과라 해도 단골 환자가 많을 수밖에 없다고 생각했다. 환자를 진료실에서 잠깐 보고 그를 잊어버리는 원장이 대부분이다. 그런데 이 원장님은 환자의 이름을 기억하는 것은 물론 가족 경조사까지 챙기고 있었다. 중요한 건 환자를 대하는 원장님의 표정이다.

그 원장님은 환자와 대화를 나누는 것 자체를 즐거워하고 있었다. 대기실에서 기다리고 있는 환자가 많았지만 지금 자신 앞에서 교감을 나누고 이야기를 하는 상대를 더 중요하게 여겼다. 원장님의 얼굴에는 고향 선배를 만난 듯 반가워하는 표정으로 가득했다.

여기서 끝이 아니다. 환자와 대화를 끝낸 원장님은 급히 진료실로 돌아가지 않았다. 대기실에 앉아있는 환자들 한명 한명에게 인사를 하는 게 아닌가? 환자가 십여 명에 가까웠는데 한명도 놓치지 않고 밝은 표정을 지으며 인사를 했다. 이때, 그 원장님은 일부 환자는 잘 안다는 듯이 악수를 청하며 특별한 우정을 과시했다. 환자 또한 활짝 웃으면서 원장과 악수를 했다.

여기서도 모자라는지, 그 원장님은 환자 한명 한명에게 이렇게 말했다.

"환자분들을 오래 기다리시게 해서 죄송합니다. 잠시만 계시면 내가 치료 꼼꼼히 하고 오겠습니다."

환자들의 반응은 어떨까? 다들 대기시간이 길어져도 괜찮다고 말해줬다. 어느 누구보다 빨리 해달라거나, 늦는다고 화를 내는 일이 없었다. 통상적으로 치과 환자에게서 생기는 컴플레인의 상당수는 긴 대기 시간 때문에 생긴다. 그런 점에서 이 치과에서는 그로 인한 컴플레인이 생길 여지가 없겠단 생각이 들었다.

더욱 신기한 일이 있었다. 자식이 부모를 닮는다고 직원들이 하나같이 원장님처럼 환자에게 관심을 갖고 다정다감하게 응대를 하고 있었다. 사실, 나는 수많은 치과 컨설팅을 하면서 직원 교육에 많은 시간을 투자하고 있다. 이렇게 해도 직원들의 관심어린 응대를 만들어내기가 쉽지 않은 것이 사실이다. 그저 정해진 틀과 매뉴얼에 따르는 정도일 뿐이다.

그런데 이곳 직원들은 마음으로 환자 한명 한명을 대하고 있었다. 동네 어르신, 언니, 동생, 이모를 대하듯 진심어린 관심을 갖고 대화를 나누었다. 미소를 잃지 않았고, 기꺼이 많은 시간을 내주었다. 그러자 환자들의 표정도 밝았다.

수술을 앞둔 환자, 긴 시간 대기한 환자, 초조한 마음으로 처음 내원한 환자, 학령이 되지 않는 철부지 아이 환자 다들 편안하고 즐거운 모습이었다.

세계 최고의 강연가이자 컨설턴트 브라이언 트레이시의 『판매의 심리학』에 따르면, 오늘날의 소비자는 까다롭고 요구하는 게 많으며 지혜롭다고 한다. 이와 함께 한 제품에 대한 충성도가 낮다고 한다. 이에 따라 소비자는 자신이 신뢰하는 사람에게서 물건을 구입하는 경향이 있다는 것이다. 이를 '우정요소(friendship factor)'라고 한다. 소비자가 세일즈맨과 유대감을 형성해 친구로 생각할 때 제품을 구매한다는 것이다. 그는 이렇게 말했다.

> "세일즈맨은 자신이 고객의 이익을 먼저 고려한다는 점을 믿게 한 후에야 판매할 수 있다. 우정이라는 다리를 놓기 전에 제품이나 서비스에 대해 설명하면 고객은 구매에 관심을 잃어버린다. 세일즈맨이 진정으로 고객에 대해 관심이 없다면, 그 고객 역시 세일즈맨의 제안에 관심을 둘 이유가 없는 것 아닌가!"

보통의 원장들은 환자를 이름과 얼굴 대신 파노라마와 구강안을 들여다봐야 알아본다. 사정이 이러하니 대기실에서 환자와 인사를 하는 일은 꿈도 꿀 수 없는 일이다. 이렇게 하면서 환자를 충성고객으로 만들겠다니 그게 가능할까? 원장(의료 서비스 세일즈맨)이 환자(소비자)에게 관심어린 우정의 다리를 놓아야만 환자(소비자)는 치과 의료 서비스를 구매한다.

환자에게 진심어린 관심을 표시하기 위해서는 차트를 잘 활용하는 방법도 있다. 차트에 환자의 개인적인 일을 적어놓고, 축하할 일이 있다면 진료실에서든, 대기실에서든, 상담실에서든 축하를 해주면 된다. 이렇게 환자에게 진심어린 관심을 보여준다면 그 병원이 오래되고 노후 되었다 해도 환자가 돌아서는 경우가 많지 않을 것이다.

환자는 모두 자신에게 관심을 가져주면 무척이나 좋아한다. 그래서 치과는 해피콜을 하여, 환자에게 치료가 잘 되었고, 아픈 곳 없이 잘 씹기를 바란다며 관심을 표해준다. 그 효과가 뛰어나기에 어떤 치과 원장은 직접 환자 해피콜을 진행하기도 한다. 환자에게 진심어린 관심을 가지면 '우정이라는 다리'가 놓이며, 이를 통해 환자는 신뢰를 갖고 충성 고객이 된다.

Chapter 4

믿음을 줘야
충성환자가
생긴다

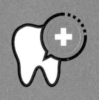

병원 컨셉에 맞게 멘트하기

나는 개원 컨설팅을 진행하면서 개원 시작 전에 한달 동안 MOT 교육을 시킨다. 시뮬레이션을 하면서 직원들과 교육을 진행하여 병원의 시스템을 장착하는 것이 목표다. 이때 진료 직원들의 손발이 척척 맞기 시작하면 바로 개원해도 된다고 판단한다.

이 교육 과정에서 중요시하는 점은 직원들에게 매순간 환자를 응대하면서 병원 컨셉에 맞는 멘트를 하도록 하는 것이다. 교육생들에게 이렇게 강조한다.

"만약 우리 병원이 '치아를 살리는 치과'로 컨셉을 잡았다면, 이 컨셉을 병원 내 직원들만 알고 있으면 될까요? 그렇지 않습니다. 직원들이 치과 컨셉을 환자들에게 알려주는 게 좋습니다. 그러기 위해서는 환자와 만나는 매 순간마다 컨셉 멘트를 해야합니다. 이렇게 하면 환자는 현장에서 치과 컨셉의 차별화된 고객만족을 체험할 수 있으며, 치과 컨셉을 뚜렷하게 기억합니다."

치과에서는 환자에게 병원의 컨셉 이야기를 해야 한다. 이는 원장이 직접 나서서 하기가 쉽지 않다. 여러 상황에서 환자와 대면을 많이 하는 직원들이 해주어야한다. 그러면서 자연스럽게 환자들에게 치과 컨셉이 주입되도록 하는 게 좋다.

이때, 중요한 것은 병원 컨셉으로 어떤 멘트를 정할지이다. 이는 원장이 일방적으로 정하기보다 직원과 회의를 하면서 도출하는 게 필요하다. 원장은 다만 어떤 방향으로 가고 싶다고 언질을 주는 것으로 끝내고, 이를 토대로 직원들이 머리를 싸매고 톡톡 튀는 멘트를 만들어내는 것이 더욱 효과적이다.

직원들은 현장에서 여러 성향의 환자, 다양한 상황을 다 겪어보았다. 따라서 누구보다 환자의 가슴에 와 닿는 멘트를 잘 생각해 낼 수 있다. 직원들은 파트너십을 갖고 적극적으로 의견을 내놓아야한다.

한 치과의 사례를 들어보자. 그 치과의 컨셉은 무통 주사였다. 원장과 직원이 회의를 하면서 그 컨셉에 대한 구체적인 밑그림을 그려갔다. 그러자 다음과 같이 의견이 모아졌다.

무통 마취기를 소유하고 있어야 한다.
우선, 무통마취를 통해서 아프지 않게 주사를 진행하려고
노력해야 한다.

무통 마취를 사용하기에 앞서 표면 마취도 발라주어야 한다. 마취를 진행할 때 워머기를 사용하여 따뜻한 앰플 주입을 해주어야 한다.

이렇게 컨셉에 대한 밑그림이 그려지자, 직원들 머릿속에서 저절로 멘트가 떠오르기 시작했다. 직원들은 당연하다는 듯이 현장감이 뚝뚝 묻어나는 멘트를 내놓았다.

"우리병원은 무통 마취를 사용하고 있어요. 대부분의 환자분들이 아프지 않다고 하시더라구요~"

"무통마취를 사용하기 전에 최소한의 통증도 줄일 수 있도록 표면마취를 발라드릴게요."

"요 앰플 한번 만져보시겠어요? 따뜻하죠? 사람의 온도와 맞는 앰플인데 이 온도가 통증을 좀 줄여줄 수 있다고 해요~ 긴장하지 마세요."

"이 장비가 무통마취 기계예요~ 아프지 않도록 저희가 옆에서 있을게요~"

하나하나가 상황과 장소에서 딱 맞는 멘트가 아닐수 없다. 여기에서 가장 좋은 멘트를 추려서 정리하여 문서를 만들어 놓았다. 그러고 나서 직원들이 각자의 역할에서 정해진 멘트를 환자에게 전달했다. 대표적으로 다음과 같은 상황에서 멘트를 사용했다.

- 대기실에서 문진표를 받을 때

- 진료실 대기 중일 때

- 상담실에서 상담을 진행할 때

- 예약 후 치료는 잘 받으셨는지 물을 때

이렇게 직원들이 환자들에게 수시로 우리 병원의 컨셉을 알려주었다. 그러자 얼마 지나지 않아, 환자들 입에서 이런 말이 나오기 시작했다.

"역시 이 치과는 마취할 때 아프지 않는다니까."

"이 치과하면 아프지 않는 마취지."

"아프지 않다는 치과가 많지만 정말 아프지 않은 치과는 여기가 유일합디다."

이렇듯 환자들이 자연히 그 치과를 "그 병원 아프지 않게 치료하더라~" 라는 인식을 갖게 된다. 별도로 막대한 마케팅 비용을 대고 '아프지 않는 치과'라고 홍보할 필요가 없었다. 직원들이 평소 환자를 응대하면서 자연스레 치과 컨셉에 맞는 멘트를 하는 것만으로도 치과의 차별화된 컨셉, 치과의 철학이 환자의 뇌리에 박히게 된 것이다.

치과만의 컨셉을 담은 멘트를 해야 한다. 이를 자주 접한 환자는 광고에 노출되듯이 그 컨셉을 그대로 받아들인다. 따라서 원장 중심으로 온 직원이 함께 자발적으로 생동감 넘치는 멘트를 만들어야한다. 그 다음, 적재적소에서 환자에게 그 멘트를 전달해야한다.

호감 주는 병원 이미지 메이킹

지방의 한 치과를 방문했다. 컨설팅하기로 한 치과와의 약속 시간까지 두 시간이 남아 있어서 치과 주변과 내부를 볼겸 미리 그 치과에 들어갔다. 외형적인 면에서는 대단했다. 간판 홍보, 안내판, 내부 인테리어가 대단했다. 그런데 그 기대감이 허물어지는 데 많은 시간이 걸리지 않았다. 나는 속으로 생각했다.

'이 치과, 환자들이 좋아하지 못할 게 분명해.'

이 생각의 근거에는 세 가지가 있었다. 첫번째, 내가 문을 열고 들어서자마자 눈에 거슬리는 게 보였다. 치위생사가 슬리퍼를 질질 끌고 걸어 다니고 있었다. 슬리퍼는 업무와 진료 일을 하는 입장에서는 무척이나 편리하다. 하지만 환자의 입장에서는 그렇지 않다. 무척이나 불성실하게 보인다. 그리고 환자를 맞이할 자세가 전혀 없는 것으로 보인다.

그 다음은 데스크 직원의 표정이었다. 내가 다가가서야 환자가 내방한 것을 뒤늦게 알아차린 직원은 무덤덤한 표정을 지었다. 이 직원은 환자를 맞이하기 위한 기본자세로서 미소를 지어야한다는 것을 전혀 교육받지 못한 듯했다. 그 직원은 개인적으로 낯선 사람을 접했을 때의 심두렁한 표정이었다. 무안해진 내가 크게 미소를 지어야만했다.

마지막은 원장의 말투였다. 그 지역의 강한 억양으로 톡톡 쏘듯이 말을 했다. 게다가 급하게 말을 했다. 모르긴 해도 정해진 시간에 많은 환자를 진료하려다 보니 그렇게 된 듯했다. 그 결과 의사로서의 권위 있는 이미지와는 동떨어져 보였다.

이 세 가지의 나쁜 이미지 때문에 그 치과는 환자의 마음을 사로잡지 못한다고 판단했다. 이렇게 되면 점차 환자의 발길이 그 치과에서 멀어지고 만다. 이렇듯, 환자가 순간적으로 접하는 치과의 인상은 매우 중요하다. 불과 몇 초 사이에 호불호가 갈린다.

따라서 치과는 환자에게 호감을 주는 이미지를 만들어 잘 관리해야한다. 어떤 치과 의사는 자신의 억양을 고치기 위해 보이스 트레이닝을 받고, 또 어떤 치과 의사는 환자에게 신뢰감을 주기 위해 전문 이미지 메이킹 교육을 받기도 한다. 이제는 환자에게 긍정적인 첫인상을 주는 게 선택이 아니라 필수가 되었다.

다음은 치과에서 기본적으로 갖춰야할 호감을 주는 이미지

메이킹 4가지이다. 이를 잘 참고해 단 한명의 환자도 등을 돌리는 일이 없도록 만들자.

미소 짓는 표정

치과는 의료 서비스를 제공하는 곳이다. 수많은 서비스업의 종사자들을 보라. 단 한명의 고객의 마음을 사로잡으려고 얼마나 애쓰는가? 그 중 가장 중요한 게 미소 짓기다. 이름 있는 서비스업 직장치고 미소 짓기를 가르치지 않는 곳이 없다.

따라서 치과 직원과 원장은 항상 밝게 웃어야한다. 미소 짓기가 하루아침에 되지 않는다. 매일 아침 거울을 보면서 훈련해야한다. 그리고 원장과 전 직원이 함께 미소 짓는 시간을 가져보는 게 좋다.

자연스러운 미소를 지으려면 입의 양 꼬리가 올라가야하며, 입은 가볍게 다물고 밝은 표정을 지어야한다.

깍듯한 말투

직원 교육이 잘 된 곳에서는 환자 응대 멘트가 매뉴얼화 되어 있다. 그런데 기계적으로 이 멘트를 하는 것으로만 끝나서는 안 된다. 환자에게 집중하여 그와 공감대가 형성되게 만들어야한다. 환자는 직원과 의사의 말투에서 자신에게 관심을 갖는지, 자신을 배려하는지를 단박에 알아맞춘다. 따라서 형식적으로 말을 하지 말고 예의바르게 말을 해야 한다.

말투, 그래도 사소해보이기 쉽다. 이게 뭐 그리 대단할까? 하고 의구심을 갖는 분이 있을 것이다. 하지만 절대 그렇지 않다. 관동의대 명지병원 정신과 김현수 교수팀은 암 통합 치유 센터 개소를 기념해 일반인 1000명과 암환자 245명을 대상으로 설문조사를 했다. 그 결과, 일반인 78.4%, 암환자 66.5%가 의사의 소통, 태도와 방법에 따라 치료 의지에 영향을 미친다고 밝혀졌다.

이는 곧 치과 의사가 깍듯한 말투로 환자를 대하면 환자의 진료 의지가 높아진다는 말이다.

바른 자세

자세가 한 사람의 인상을 바꾼다는 걸 기억하자. 미소 짓고 깍듯한 말투를 해도 자세가 바르지 못하면 그 사람의 이미지는 나쁘게 보인다. 앉은 자세, 서있는 자세, 걷는 자세 세 가지 면에서 잘 체크해야한다.

바르게 앉은 자세를 하려면 허리와 가슴을 펴고, 한쪽 발을 뒤쪽으로 당긴다. 바르게 서 있는 자세를 하려면 등을 곧게 펴고 한쪽으로 기울어지지 말아야 하며, 단전 위치에 왼손을 두고 그 위에 오른손을 두어 공수 자세를 취해야한다. 바르게 걷는 자세를 하려면 무릎을 구부리지 않고 허리를 이용해 걷고,

양팔이 몸의 중심선에서 평행시켜 앞뒤로 흔들어야 한다. 쉬운 일은 아니지만 습관이 되도록 한다면 좋은 인상에 도움이 된다.

단정한 복장

치료를 받으러 온 환자는 병원이 청결한지 그렇지 않는지에 관심이 많다. 환자는 직원의 복장에서 이를 판단하는 경우가 있다. 때 묻은 가운을 보면 즉각적으로 그 치과가 불결한 곳으로 생각한다. 그래서 특히 유니폼과 가운을 깨끗하게 착용해야한다.

이와 함께 헤어스타일, 화장, 신발, 액세서리, 구두 등을 신경써야한다. 이렇게 해서 환자가 직원, 원장을 보는 순간 이런 느낌을 받도록 해야 한다.

"이상하게 호감이 가는군."

원장의 장점을 자랑하라

환자들이 치과를 찾는 이유는 만족할 만한 치료를 받기 위해서다. 따라서 원장이 누구냐에 따라 환자의 내원 율이 오르락내리락 한다. 그런데 환자들은 홍보 문안과 현관, 대기실에 비치된 책자나 안내판을 통해 원장이 누구인지를 접한다. 이를 통해 출신학교, 임상경력, 주 치료 과목 등에 대해서 알게 된다.

대부분의 치과에서는 이를 당연시하고 있다. 환자들이 스스로 원장에 대해 알아보도록 방치하고 있다. 치과 직원 어느 누구도 원장에 대해 언급하는 경우가 많지 않다. 환자를 대면하는 직원이 치과 홍보를 할 때 가장 강력한 것이 원장 자랑하기임에도 불구하고 다들 두 손을 놓고 있다.

저렴한 비용, 우수한 재료, 인테리어. 직원 친절, 편리한 교통 등이 모두 환자의 내원 율을 결정하는 변수이다. 그런데 정작 환자들이 내원율을 결정하는 중요한 변수가 치과 원장임에도 '원장 자랑하기'에는 무척이나 소극적이다. 직원들은 그 일을 할 필요를 못 느끼고, 어느 누구도 시키지 않는다.

이제 발상을 바꿔야한다. 직원이 직접 환자에게 원장의 장점을 알려야한다. 이렇게 할 때 그만큼 환자는 원장에 대한 신뢰감을 갖는다. 그에 따라 환자는 단골 고객 곧 충성 환자가 되기로 마음을 먹는다. 이처럼 직원들이 자기 일처럼 나서서 원장의 장점을 환자에 알려주는 브릿지 역할이 매우 중요하다.

컨설팅 하는 한 치과가 있다. 이 치과는 여러 달 동안 직원 교육, 지출 관리 등을 해왔기에 조금씩 매출이 늘어날 수 있었다. 그런데 어느 정도 오른 후 정체되고 말았다. 나는 고민 끝에 '원장님 자랑하기'를 실행하고자 했다.

모든 직원들이 모이자, 내가 먼저 말문을 열었다.

"우리 원장님 장점이 뭐죠?"

직원들이 "원장님 장점이요?"하면서 크게 웃었다. 직원들은 그것이 얼마나 중요한지를 인식하지 못했다. 경력이 제일 많은 치위생사가 입을 열었다.

"우리 원장님은 임플란트를 아주 빠르고 정확하게 하시죠~ 왜냐면 저번에 임플란트 2개 식립 환자가 오셨는데, 10분 만에 끝내고 나오시더라구요~ 그리고 파노라마 확인해서 보니깐 너무 잘 심어져 있는 거예요. 우리 원장님 진짜 임플란트 끝내주는 거 같아요 "

다른 직원들이 고개를 끄덕이며 이구동성으로 대단하다고 말했다. 한 여직원은 엄지 척하면서 이때까지 접해본 의사 중에 정말 짱이라고 했다. 그러곤 다들 웃음을 터뜨렸다. 내가 기다렸다가 의견을 피력했다.

"그렇게 대단한 걸 우리만 알고 있으면 될까요? 원장님의 대단한 장점은 다른 사람이 아닌 환자들이 알아야하는 게 아닐까요?"

그러자 모든 직원들이 무슨 말이냐는 듯 귀를 쫑긋했다. 다시 내가 말을 이어갔다.

"환자들에게는 무엇보다 치과 원장이 중요하잖아요. 그러니까 환자와 여러 장소에서 접촉하는 직원들이 원장님의 장점을 콕 찍어서 자랑해야 되겠죠. 직접 구두로 말입니다. 그러면 환자는 더더욱 원장님에 대한 신뢰감을 갖지 않을까요?"

다들 공감한다는 듯이 고개를 끄덕였다. 좋은 아이디어라고 말하는 직원이 있었다. 이렇게 해서 순조롭게 모두 '원장 장점 자랑하기'를 하기로 만장일치로 결정했다.

이후, 한 달여 동안 이를 실행에 옮겼다. 그러자 "원장님에 대해 새로운 걸 알게 되었다", "지인이 여기 원장님 대단하다고 해서 왔다", "원장님이 참 대단한 분이시다"라는 피드백이 오기 시작했다. 그 결과, 점차 눈에 띄게 매출이 상향 곡선을 그려나가기 시작했다.

'원장 장점 자랑하기'를 하려면 우선 원장이 나서야한다. 전 직원들 앞에서 "진료를 하면서 내 장점이 뭐가 있나요?"라고 질문해야한다. 이에 전 직원들이 협심하여 원장의 장점을 끌어낸 후, 이를 집중적으로 환자들에게 알려가야 한다.

예를 들면, 직원들은 다음과 같이 원장의 장점을 자랑할 수 있다.

"우리 원장님은 구강외과전문의세요~"
"정말 임플란트는 최고라니깐요~"
"원장님 임플란트는 절대 의심이 되지 않아요."
"저희 부모님도 원장님께 임플란트를 심으셨는데 너무 잘 사용하고 계세요."

직원들이 자신 있게 말을 하되 조금은 수다스럽게 이야기해도 무방하다. 환자들은 그 이야기를 듣고 자신의 선택에 대한 자부심을 느낄 것이며, 이후 원장의 치료를 다른 사람에게 뺏기기를 원치 않을 것이다.

환자들에게 원장을 알리는 데 소개 책자, 안내판, 홍보 글이 절대적이진 않다. 더러 몇몇 원장은 칼럼 발표, 방송 출연을 통해 자신을 알리는데 이 역시 제한적이다. 원장을 환자들에게 직접적으로 강력하게 알리는 효과적인 전도사는 바로 직원이다. 직원의 입에서 흘러나온 원장의 장점을 어느 환자가 믿지 않겠는가? 그 믿음은 곧바로 원장에 대한 신뢰로 이어진다.

환자는 전화 한통에 감동한다

"***선생님, **치과입니다. 임플란트 수술한 곳 괜찮으신가 해서 전화드렸어요."

"아, 치과군요. 뭘 또 전화까지 다주고 그래요. 의사 선생님이 말한 대로 얼음찜질하니까 아프지 않고 잘 지내요."

"그러셨군요. 걱정 많이 했는데 다행입니다. 참, 이번 주 수요일에 따님분 치과에 오기로 예약 잡으신 거 아시죠?"

"벌써 치과 갈 날이 왔네요. 깜빡 할 뻔했습니다. 다른 약속 잡지 않고 그날 꼭 같이 갈게요. 신경써줘서 고마워요."

한 치과 실장으로 근무할 때 내가 고객 환자에게 했던 해피콜이다. 업무로 바쁜 와중에 시간을 내어, 환자분 한 명 한 명에게 전화를 드렸다. 아무리 몸이 지치고, 스트레스가 많아도 밝은 목소리로 성의껏 응대했다. 그러면 단 한명의 환자도 왜 전화를 했느냐는 식으로 퉁명스럽게 전화를 받는 경우가 없다. 다들, 전화를 해줘서 고맙다는 반응을 보인다.

직원과 환자는 치과 내에서 진료를 하는 도중에 대화를 주고받는 게 전부다. 그것도 시간에 쫓기듯 하는 경우가 많다. 직원과 환자 사이에 교감이 생기기 쉽지 않다. 그런데 직원이 환자에게 따뜻한 목소리로 걸어주는 전화를 통해 환자와의 교감이 생긴다. 여기서 더 나아가 걱정해주는 직원의 목소리에 환자는 감동을 받는다.

치과에서 환자들에게 고객관리 방편으로 문자, 이메일, 전화, DM을 많이 활용하고 있다. 이 가운데에서 가장 기본 중의 기본이며, 환자들이 가장 감동을 받는 게 전화 통화다. 치과에서 환자에게 전화 연락드리는 경우는 다음과 같다.

- 해피 콜
- 예약환자 전화
- 예약부도 환자 전화
- 리콜 환자 전화
- 소개고객 환자 전화
- 미수금 환자 전화
- 미동의 환자 전화

가능하면 이를 다하는 게 좋다. 하지만 치과의 규모에 따라 이를 다할 수 있는 곳이 있는 반면에 그렇지 못한 곳도 있다. 하지만 아무리 작은 치과라 해도 이 가운데에서 두 가지만큼은 무슨 일이 있어도 시행하는 게 좋다. 해피 콜과 소개고객 환자 전화다.

해피 콜은 주로 이런 내용으로 진행한다.

오늘 치료를 받고 괜찮으셨는지, 치료 받으시면서 아프지는 않았는지, 우리가 더 신경 써야 할 부분이 있는지, 다음번에도 조심히 잘 오시라는 이야기 등이다. 많은 치과에서 기껏 환자를 배려해서 해주는 게 문자 정도일 뿐이다. 따라서 해피 콜을 받은 환자의 대부분은 고맙다는 반응을 보인다. 관심을 받고 있는 것에 대해 무척이나 좋아한다. 개인적으로 고객관리에 정말 좋은 방법이라고 본다. 해피 콜을 진행해야 하는 경우는 다음과 같다.

- 신경치료 첫날 치료를 받은 환자: 신환 또는 처음 받아 본 구환
- 염증이 심했던 잇몸치료 환자
- 수술환자
- 사랑니 매복발치 환자 및 고난이도 발치환자
- 급성응급환자
- 문제 소지가 보이는 환자

이 환자들에게 직원이 직접 전화를 돌려주는 게 기본이다. 이 외에 원장님 진료가 끝나서 꼭 확인이 필요한 환자일 경우에도 해피 콜을 진행할 수 있다. 이때 환자분에게 주의사항도 다시 한 번 더 전달하는 것이 좋다.

소개고객 환자 전화는 치과에 환자를 소개해준 환자에게 진행한다. 가령, 한 환자의 치과 내원 경로를 알아보니 단골 환자의 소개로 내원을 했다고 하자. 그러면 소개해준 환자에게 전화를 드려서 감사 표시를 하고 안부를 물어야한다. 치과에 환자를 소개를 해준다는 것은 너무나 감사한 일이기 때문이다. 사실, 치과에서 소개환자 비율이 높은 치과는 동의율이 좋다.

인터넷으로 찾아서 오는 환자의 경우 쇼핑이나 스켈링, 발치만 하는 케이스가 많다면, 소개 환자들은 이미 우리병원에서 치료를 받고 만족하신 분들로부터 소개받았기 때문에 큰 케이스일 경우가 많다. 따라서 소개 해주신 분들을 잘 관리만 해도, 치과 고객 확보에 큰 걱정을 할 필요가 없다.

소개고객 환자에게 전화를 하는 요령은 이렇다. 우선 전화하기에 앞서 소개 환자의 이름을 물어서 확인한다. 그런 후에 전화를 직접 드린다. 대체로 다음의 4가지 내용으로 통화하는 게 좋다.

"환자분께서 소개해 주신 ***님이 오셨어요."

"너무 감사하고, ***님 소개로 오셨으니깐 정말 잘 해드리겠습니다."

"우리 병원에서 치료 받으시고 불편하신 곳은 없으세요?"

"앞으로 계속 치료 관리 해드리겠습니다. 거듭 감사드립니다."

이와 함께 소개 환자에게 병원에서 정해놓은 기준에 따라 연말에 선물을 보내거나 감사선물을 전달하는 것도 좋다. 이를 통해 소개환자를 충성고객으로 만드는 것은 물론 소개환자로 하여금 자발적으로 입소문을 내게 할 수 있다. 특별히 관리해야할 소개 환자는 다음처럼 3등급으로 나뉘는데 이를 잘 참고하자.

1등급 소개환자 : 3명 이상의 환자를 소개하고,
비용결재가 1000 이상
2등급 소개환자 : 3명 이상의 환자를 소개하고,
비용결재가 500 이상
3등급 소개환자 : 3명 이상의 환자를 소개

대다수 치과들이 고객 관리가 힘들다고 한다. 고객 관리는 특별한 게 아니다. 한명 한명에게 마음을 담아 전화를 한다면 환자는 기꺼이 충성고객이 된다. 단 형식적으로, 사무적으로 하는 것은 피해야한다. 다른 무엇보다 해피 콜, 소개고객 환자 전화는 빠뜨리지 말자.

상담일지로 상담동의율을 끌어올려라

 "아휴 바빠 죽겠는데 상담일지를 언제 쓰나요?"
"차라리 녹음을 하는 게 편리하지 않을까요?"

내원 환자가 적은 치과 직원들의 말이다. 내가 그곳을 방문해서 상담 일지를 보자고 하니 나오는 말이다. 직원들은 이구동성으로 왜 귀찮게 상담일지를 쓰느냐는 반응을 보인다. 심지어 치과 원장들도 그 중요성을 모르고 아예 직원들에게 상담일지 작성을 시키지 않는 경우가 있다.

내가 동네 치과 상담 실장으로 있을 때의 일이다. 매출을 높이기 위해 많은 노력을 했다. 진심과 성의를 다해 환자와 상담을 하고 또 고객 관리 차원의 전화를 넣었다. 처음에 곧바로 환자들이 증가할 줄 알았다. 그런데 보기 좋게 예상이 빗나갔다. 한순간 반짝 하다가 다시 밑으로 추락했다. 신경 쓸 때만 환자가 늘다가 조금 느슨해지면 금방 환자들이 줄어들었다. 그래서 고민이 많았다. 이때 좋은 아이디어가 떠올랐다.

"상담을 잘 해서 상담 동의율이 높아져야 매출이 증가하지. 그렇다면 상담 동의율을 높이기 위해 매달 상담을 기록하고 목표를 세워야하겠어. 매달 상담을 잘 했는지 못했는지에 대해 기록을 해두고, 이를 체크하여 악착같이 매달 목표 상담 동의율을 채우도록 해야겠어."

이후 꾸준히 상담일지를 꼼꼼히 작성해 나갔다. 그러곤 목표를 설정하고 늘 그 목표를 채우려고 노력했다. 그러자 그 치과의 매출이 쑥쑥 올라가기 시작했다.

육상 선수의 경우 매번 육상 트랙을 돌 때마다 기록을 확인한다. 그래서 안정권의 기록이 나왔는지, 그렇지 않은지를 본다. 그러고 나서, 전보다 기록이 저조하면 각성을 하고 더 열심히 달린다. 여기서 끝이 아니다. 늘 목표로 세운 기록을 돌파하기 위해 이를 악물고 달린다. 그래서 육상선수에게 매번 운동할 때마다 기록이 중요하다.

이처럼 상담이 결정적인 역할을 하는 치과에서는 상담 내용을 기록하는 게 굉장히 중요하다. 이를 위해 상담 일지를 써야한다. 시간이 소요되고 성가신 것 같지만 이는 상담일지의 효과를 모르는 소리다. 상담일지의 기록 체크를 통해 상담 동의율 목표를 달성할 수 있도록 노력할 수 있기 때문이다. 상담일지가 없으면 어느 정도 노력해야하는지 알 수 없다. 목표의식이 없으니 상담을 대하는 태도는 환자가 동의하든 말든 나랑 상관없다는 식으로 느슨할 수밖에 없다.

치과에서는 수많은 환자를 대상으로 상담이 이루어진다. 그래서 상담 내용을 다 기억하기란 쉽지가 않다. 따라서 이를 잘 기록을 해두면, 상담 동의율의 목표의식을 강화할 수 있을 뿐만 아니라 여러 모로 유익한 정보를 알 수 있다. 대체로 다음과 같은 것을 한눈에 확인할 수 있다.

- 병원의 상담 총액
- 병원의 상담 동의율
- 병원의 당월 수납율
- 미동의 고객 확인 및 미동의 사유
- 수납 후 미납금

먼저, 병원의 상담 총 금액을 알면, 우리 병원이 얼마만큼의 매출을 올릴 수 있는지 확인이 가능하다. 환자가 내원하여 상담을 진행하면 보통은 차트에만 작성을 한다. 그래서 한꺼번에 모아서 보기란 쉽지가 않고 관리하기가 어려워진다. 그런데 상담일지는 엑셀에 작성하여 한 눈에 볼 수 있고, 월별 관리를 할 수 있다.

이와 함께 동의율이 어떤지, 수납율이 어떤지 보고, 회의를 하면서 문제점을 해결할수 있다. 이때 동의율이 저조할 경우,

직원들이 전보다 더 단합하여 다음 달 동의율 목표를 세워서 달성하도록 노력하게 된다.

또한 미동의 고객들 상담에서 환자들의 성향파악이나, 환자들의 현재 상황을 한눈에 볼수 있다. 이를 통해 다음번에 재컨택을 진행할 수 있다. 끝으로, 병원의 미납금을 체크할 수 있어 미납금 관리가 된다. 수납내역을 꼼꼼하게 작성하면 미수금이 얼마가 남았는지 확인할 수 있기 때문이다.

1월 상담일지

NO.	일자	이름	차트번호	환자	상담자	상담액	동의액	당월카드수납금	당월현금수납금	동의여부	잔액	비고
1	2019.01.02	이민규	810	신	실장	1,500,000	400,000			부분OK	400,000	우선 #15 먼저 치료후 다른치료는 생각해 보신다고 함
2		김창호	446	구	과장	9,200,000	9,200,000		2,200,000	OK	7,000,000	
					합계	10,700,000	9,600,000	-	2,200,000	미수금	7,400,000	
										동의율	90%	
										수납율	23%	

상담자가 작성해야 하는 상담일지는 다소 번거로울 수 있다. 하지만 병원의 신, 구환자의 상담내역을 한눈에 볼 수 있기 때문에 환자 관리를 하기에 무척 수월하다. 초보 상담자와 경력 상담자는 상담 동의율에 대한 태도에서 차이가 난다. 전자는 관대하고, 후자는 까다롭다. 경력 상담자는 상담 동의율이 떨어지는 걸 그냥 지켜볼 수 없는 사람이다. 그래서 경력 상담자는 상담 동의율 목표 달성을 위해 꼼꼼하게 상담일지를 작성해야 한다.

환자 성향 별로 응대하기

"무조건 친절하다고 환자 응대를 잘하는 게 아니에요. 환자 성향 별로 맞춤 대응하면서 친절하게 응대해야 합니다."

모 치과의 직원 대상 강의 때 한 말이다. 이제 치과 직원들은 고객서비스 차원에서 친절을 당연시 여기고 있다. 그리고 친절한 응대에 따라 환자의 내원율이 높아진다는 걸 잘 알고 있다. 그런데 환자들은 각기 다른 성향을 가지고 있다. 이를 간과하고 일률적으로 응대하는 게 당연한 걸까? 과연, 환자의 성향에 상관없이 오로지 친절하기만 하면 될까? 이렇게 해서는 친절의 효과가 제대로 날수 없다.

모든 사람들은 성향에 따라 몇 가지로 분류가 된다. 대표적인 행동유형 검사 DISC에 따르면 사람은 주도형(Dominace), 사교형(influences), 신중형(Conscientiousness), 안정형(Steadiness) 으로 나뉜다. 따라서 사람을 대할 때 이런 성향을 파악한 후 그에 맞게 대응하면 원활한 인간관계를 맺을 수 있다고 한다.

이와 같이 치과에서도 내원 환자의 성향에 맞게 친절하게 응대한다면 최고의 만족 서비스를 제공할 수 있다. 다년간 치과 실장으로 근무하고 또 컨설팅을 한 경험에 비춰볼 때, 환자의 행동 유형 DISC를 알아내기는 쉽지 않다. 또 환자를 딱 4가지로만 구분하면, 그 외의 다양한 상황의 환자를 제대로 응대하기 힘들다. 그래서 치과 현장에서 직원들이 자주 마주치는 대표적인 환자 유형 15가지를 정리했다.

여기 소개하는 15가지 환자 유형을 잘 기억하고, 그에 맞춤 응대를 하는 것만으로 치과 현장에서 고객이 만족하는 응대를 할 수 있다.

1. 업무가 밀려 바쁜데 먼저 반갑다고 하는 환자

바쁘다고 성의 없게 응대면 환자의 기분이 좋을 리 없다. 우선 고객에게 반가움을 표시한다. 그리고 업무를 잠깐 미루고 환자와 스몰 토크를 한다.

2. 친한 분이라며 먼저 진료해 달라고 하는 환자

예약제로 진행이 된다는 점을 알린다. 이를 통해 다른 분에게 피해가지 않도록 애쓰고 있다는 점을 부각시킨다.

3. 계속 같은 이야기를 하는 환자

거기에 끼어들 필요가 없다. 대신 경청하는 모습을 보여주면서 호응을 한다. 그리고 상황에 따라 환자의 이야기를 정리한다. 정리를 할 때는 오늘은 여기까지 이야기를 들을 수 있겠다고 정중하게 이야기하며, 다음에 또 이야기를 나누자고 한다.

4. 환자를 응대하는 중 치과에 방문한 환자

이때 당황하지 말고 매뉴얼대로 행동한다. 응대 중이던 환자에게 양해를 구한 후 내원 환자에게 밝게 응대한다. 잠시 쇼파에 앉아 계셔 달라고 안내 드린 후, 응대하고 있던 환자의 응대를 이어서 진행한다.

5. 자리를 비운 도중에 방문한 환자

먼저 사과를 하며 인사한다. 업무 상으로 자리를 비웠더라도 반드시 사과를 하는 게 원칙이다.

6. 예약보다 늦게 온 환자

먼저 예약에 늦었음을 부드러운 어조로 말한다. 그리고 시간을 알려드린다. 진료실에 대기 예상 시간을 확인하고 늦었기 때문에 기다린다는 점을 알려드린다. 진료 후에는 다음 예약 시에는 늦지 않아야 한다고 정중하게 말씀드린다.

7. 진료 마감 후에 온 환자

C.C를 확인한 후, 진료가 끝났음을 부드럽게 말씀드린다. 응급환자의 경우는 치료를, 신환의 경우 진단과 예진을 하여 그냥 돌아가는 일이 없도록 한다. 약속에 늦은 구환의 경우 다음번 예약을 잡아드린다.

8. 대기시간이 긴 환자

10분 단위로 환자에게 안심시켜 드린다. 추가 대기시간을 알아보고 환자에게 죄송함을 표시한다. 그리고 스몰토크를 통해서 체감 시간을 줄여드린다. 절대로 10분 이상 아무 메시지 없이 방치해서는 안된다.

9. 병원의 지시를 따르지 않는 환자

우선, 고객의 이야기의 요지를 파악한다. 그리고 해결할 수 없는 경우 상담실로 이동시킨 후, 상급자에게 알리고 상황을 전달한다.

10. 진료비를 준비하지 않은 환자

진료비가 준비되지 않으면, 치료를 하지 않는 게 원칙이다. 준비된 만큼만 치료를 한다. 기본적으로 치료를 위해 납부해야 하는 진료비임을 설명해드린다. 그리고 지불 약속을 받는다.

11. 전문가처럼 과시하는 환자

진료에 대해 많이 알고 있는 것을 과시하는 환자가 종종 있다. 이 환자에게는 특별히 자신감 있게 진료 및 시술에 대한 정보를 정확하게 설명한다. 애매하게 설명하면 환자가 불신을 가질 수 있다.

12. 무리한 요구를 하는 환자

원칙에 어긋나는 행동을 하거나 턱없이 진료비를 깎는 행동을 하는 환자가 있다. 이 환자에게는 짜증난 표정을 지으면 안된다. 침착하게 환자의 요구가 무리임을 납득시켜드린다. 결코 감정적으로 대응하면 안된다.

13. 어린이를 동반한 환자

특별히 어린이에 대한 관심을 표시한다. 그러면 환자는 자신에 대한 관심으로 생각한다. 이때 어린이의 외모, 행동을 콕 짚어서 칭찬을 한다. 어린이에게 껌이나 사탕 등을 주는 것도 효과적이다.

14. 의심이 많은 환자

이것저것 캐묻고, 또 의심하는 환자에게는 분명한 증거와 근거를 대어 설명한다. 그런데도 의심을 거두지 않을 경우, 따로 상담실에 모셔서 사진과 챠트 내용을 꼼꼼히 보여주고 응대하는 것이 좋다.

15. 빨리 재촉하는 환자

말하는 것에서 급한 성미를 알 수 있다. 이 환자에게는 정중한 대응보다는 신속한 대응을 보여준다. 환자를 대하면서 "네, 빨리 처리해드리겠습니다"라고 말하는 것이 좋다. 늦어질 때는 반드시 그 사유를 설명해서 양해를 구한다.

불만 고객 응대하기 7단계

"야, 원장 나오라고 그래!"

한 치과의 상담 실장으로 근무할 때였다. 점잖은 어르신 단골 환자였는데 치과 현관문을 열자마자 화를 토해냈다. 당시 사회 경험도 짧은 데다 환자 대응 노하우가 부족했던 나는 어쩔 줄 몰라 당황했다. 그 환자의 곁에서 가서 진정하시라고 했다. 그러면서 왜 그러시냐고 여쭈어보았더니 그 환자가 화난 이유에 대해 이야기했다.

"원장을 믿고 임플란트를 했는데 왜 이렇게 아프냐고! 뭔가 잘못된 거 아니예요? 이럴 거면 미리 알려 주던가 해야지 안 그래!"

잇몸 속에 임플란트를 식립하는 과정은 치과 수술 중에 고난도 기술을 요구한다. 그런 만큼 수술 후 후유증으로 고통이 적지 않다. 당연히 치과에서는 이 사실을 알고 있고 환자들에게 고지하는 게 상식이다. 내 기억에는 그 환자에게 그 점을 알려 드렸다.

그런데 그 환자가 못 들었다고 하니 난감했다. 그렇다면 내가 그 점을 어르신의 입장에서 충분히 이해할 수 있게 설명을 못했거나, 아니면 그 환자가 한귀로 듣고 흘려버렸을 가능성이 높았다. 어쨌거나 결과적으로 고객 환자를 대하는 실장인 내 책임이 컸다. 더욱이 단골 고객을 화나게 한 점이 마음이 아팠다.

이는 소통에 차질이 생겨서 환자가 불만을 표하는 경우다. 불만을 품은 환자들을 대해보면, 이처럼 소통에 문제가 생긴 경우가 허다하다. 따라서 치과 직원은 환자의 입장에서 서서 좀 더 정확하고 친절하게 의사소통을 하도록 노력해야한다.

이와 함께 실제로 치과에서 잘못한 점 때문에 불만을 갖는 경우가 있다. 대표적으로 다음과 같다. 원장님의 불친절, 직원 복장, 긴 대기시간, 통증, 치료 결과. 치료비. 이를 소홀히 대처하면 환자가 떠나가는 것은 시간문제다. 여기서 그치지 않는다. 안 좋은 소문이 퍼져서 치과에 대한 나쁜 이미지가 박힌다. 그러면 매출에 심각한 타격을 입을 수밖에 없다.

컴플레인 환자를 왜 잘 대응해야하는지를 알려주는 흥미로운 연구 결과가 있다. 와튼 스쿨의 스티븐 호크 교수는 2005년 크리스마스를 전후로 쇼핑을 한 미국 소비자를 대상으로 실시한 『2006 불만고객 연구 보고서』를 발표했다. 이에 따르면. 불만을 느낀 고객 상당수는 같은 매장에 방문하지 않는 것으로 나타났다. 스티븐 호크 교수는 말했다.

"조사대상 가운데 절반이 한번 이상 나쁜 경험을 했고 평균적으로는 한번 쇼핑에 3번 정도 불만을 느낀 것으로 나타났다. 불만 고객이 100명이라고 할 때 현재의 고객과 잠재 고객을 합해 32~36명이 같은 매장을 방문하지 않는 것으로 조사되었다."

이와 함께 불만을 가진 고객을 구체적으로 보면 직접 기업에 항의하는 경우, 불만을 적극적으로 알리는 경우, 침묵하는 경우가 있다고 한다. 아래의 표와 같다.

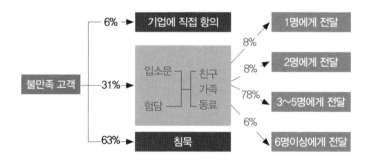

특히나 불만을 알릴 때 소문이 더욱 나쁘게 퍼져나간다. 이는 불만을 가진 고객이 좀 더 과장되게 왜곡을 하는 데 재미를

느끼는 심리적 요인 때문이다. 하지만 오히려 불만 고객을 진심으로 응대하면 이 고객은 충성고객이 되는 경우가 많다. 따라서 다음의 불만 고객 응대 7단계를 잘 참고해서, 체계적으로 고객의 컴플레인을 대처하는 요령을 잘 숙지해두자.

1. 신속하게 불만을 접수한다.

환자가 어떤 이유에서든 불만을 토로하는 즉시 직원은 하던 일을 그치고 그 환자를 응대한다. 직원이 바쁘다는 핑계로 소홀히 하는 순간 환자는 치과에 등을 돌려버린다. 불만을 토로하는 환자를 제일 먼저 인지한 직원이 책임지고 응대해야한다.

2. 먼저 사과를 한다.

일부 직원은 "그럴 리가 없어요"라면서 잘잘못을 따지는 경우가 있다. 환자의 잘못인지, 직원의 잘못인지를 규명해야겠다고 생각하는데 이는 옳지 못하다. 누가 잘못했느냐를 떠나서 일단 환자가 불만을 갖고 있다는 점에서 직원은 정중히 사과를 해야 한다.

3. 변명 대신 경청을 한다.

이런 저런 구구한 변명을 대면서 실수를 합리화하지 말아야한다. 이는 환자로 하여금 더욱 화나게 만든다. 직원이 접수대에 앉아있으면 거만해 보이므로, 밖으로 나와 환자 옆에 어깨를 나란히 하고 서 있는 게 좋다. 이와 함께 환자가 충분히 할 말을 다하도록 경청한다.

4. 불만 원인을 분석한다.

예약을 잡고 왔는데도 대기 시간이 길어지거나, 치료에 대한 설명이 부족하고 또 진료비가 예상한 것보다 높을 때 환자가 불만을 갖는다. 이처럼 명확한 원인을 알수 있는 경우도 있지만 그렇지 않은 경우도 있다. 의사소통에 차질이 생긴 경우가 그렇다. 이때 직원은 겸허하게 환자 응대를 소홀히 했다고 인정해야한다.

5. 환자의 심정에 동조한다.

화난 환자와 꼬치꼬치 따지면 환자는 더 화가 증폭된다. 때문에 환자의 화를 누그러뜨리는 방편으로 환자의 심정에 동조한다. 예를 들면 이렇게 말한다. "저라도 화 많이 났을 거예요.", "너무 아프시겠어요.", "저라도 호통을 쳤을 겁니다." 이런 말을 들은 불만 환자는 진정하게 된다. 단, 환자가 오해한 점이 있다면 분명히 그 점을 정중히 언급해주는 게 좋다.

6. 불평처리의 MTP기법을 발휘한다.

MTP(M: 사람, T: 시간, P: 장소)기법에 따르면 이렇게 해야한다. 먼저, 환자의 불만사항을 처리할 수 있는 사람으로 대체한다. 직원이 감당할 수 없을 경우 실장, 원장으로 바꿔야한다. 다음, 불만 사항에 대한 처리 요구에 대한 답변을 미룬다. 즉각 답하는 대신 냉각 시간을 둔 후 답한다. 마지막, 다른 환자의 시선이 집중되기에 장소를 옮긴다. 서서 말하는 대기실에서 상담실로 옮긴 후 자리에 앉아서 대화를 하는 것만으로도 문제 해결에 많은 도움이 된다.

7. 감사 표시를 한다.

불만 고객은 치과에서 무심코 발생하는 부주의, 잘못을 지적해주는 사람이다. 이 불만 고객 덕에 치과의 문제점을 발견하고, 이로 인해 다른 환자가 겪을 고통과 불편을 미리 예방할 수 있다. 이 불만 고객은 치과의 성장에 큰 도움을 주는 사람이다. 그러므로 진심으로 감사를 표시한다.

올바른 전화응대가 환자 방문율을 높인다

"무슨 일이세요?"

"누구세요?"

지방에 있는 한 치과에 전화를 하자, 데스크에서 이렇게 응대했다. 그 치과 원장님에게 볼 일이 있어서 전화를 걸어보았다. 그러자 치과 직원이 무뚝뚝하고 퉁명스럽게 전화를 받았다. 그 전화 응대를 받고 난 즉시 이런 생각이 들었다.

'전화 응대를 이런 식으로 한다면 환자가 좋아할 리 없지. 환자가 그 치과를 방문하고 싶은 마음이 들지 않아. 올바른 전화 응대 하나가 고객 한명을 확보 할 수 있다는 걸 간과하고 있구나.'

전화 응대 요령은 웬만한 치과의 직원들은 거의 다 알고 있다. 치과 취업 전 교육기관에서 배우거나, 근무하는 치과에서 별도의 교육을 받는 경우가 많다. 그런데도 몇몇 치과에서는 제대로 전화응대를 하지 않는다. 그 이유가 뭘까? 치과 직원들이 매일 할 일이 산더미 같아서 전화 한통 한통에 신경 쓸 여유가 없다. 후딱 통화를 끝내고 내방한 환자를 응대, 접수하거나 그외 업무를 하고 싶은 마음이 굴뚝같을 것이다.

여유 있는 시간에 전화를 받는 경우란 찾아보기 힘들다. 그래서 스트레스가 쌓일 때, 시간에 쫓겨 정신이 없을 때 전화를 받으면 배운 대로 하기 쉽지 않다. 그로 인해 감정을 그대로 표출하기 십상이다. 결과적으로 환자의 치과 내방을 유도하는 데 실패할 것이다.

우리나라에서 전화를 많이 받고 있는 대한생명보험의 설문 조사에 따르면 전화 응대 시 고객이 불만족한 이유가 다음과 같다.

1위 무성의한 답변과 고객의 질문을 귀찮아할 때
2위 경어사용 안 할 때
3위 고객보다 먼저 끊을 때
4위 오래 기다리게 할 때
5위 말이 빠를 때
6위 불친절할 때
7위 인사말을 잘 못할 때

이런 이유로 고객이 불만을 가지면 그 회사를 방문하고 싶은 마음이 사라진다. 전화 응대를 통해 고객은 그 회사에 대한 긍정적 감정 혹은 부정적 감정을 갖는다. 따라서 전화응대를 잘 할 때 환자는 전화만으로 끝내지 않고 꼭 치과를 방문한다는 걸 알수 있다. 치과 직원들에게 전화응대 교육할 때마다 제일 강조하는 점은 이것이다.

"전화 응대는 환자 고객 중심이 되어야합니다. 따라서 직원은 사적인 감정을 절대 드러내지 말아야합니다. 목소리로 직원의 미소가 전달됩니다. 그러니까 밝은 표정과 따뜻한 마음으로 전화 응대를 해야 합니다."

전화 응대를 통해 치과의 첫인상이 형성된다. 환자는 전화 응대하는 직원의 목소리를 통해 호감과 비 호감을 결정하며, 치과에 대한 신뢰도를 판단한다. 올바른 전화 응대가 되려면 세 가지 요소가 갖추어야한다.

- 신속 : 늦게 받으면 안 되며 늦게 받았을 경우에는 사과를 해야 한다.
- 친절 : 목소리를 통해 밝고 따뜻한 마음을 전달해야한다.
- 정확 : 진료에 대한 정확한 지식을 알려줘야 한다.

전화를 받을 때, 어떻게 하면 환자 고객이 끌리는 마음을 갖고 신뢰하게 만들 수 있을까? 다음의 7가지가 전화응대의 기본이다.

1. 벨이 세 번 울리기 전에 받도록 한다. 두 번 울리면 받는다.
2. 고객의 성함을 물어본다.
3. 성함을 확인하고 신환인지, 구환인지 확인한다. 구환일 경우 차트를 통해 치료 내역을 파악한다. 이때 보류버튼이나 다시 전화를 드리겠다고 한 후 종료한다.
4. 불편한 사항을 물어보고 기록한다.
5. 시간 약속을 한다. 고객이 가능한 시간대를 묻는다.
6. 다시 확인하여 숙지시켜드린다. 이렇게 물어보자. "저희 병원 찾아오시는 길을 알고 계신가요? 잘 모르시겠다면 전화주세요."
7. 추가사항 여부를 확인 후 끊는다. 예를 들면 이렇다. "더 궁금한 사항이 있으신가요?"

이와 함께 잊지 말아야할 것은 전화를 할 때 항상 메모지를 준비하라는 점이다. 메모를 통해 중요한 사항을 기록할 수 있고, 혹시 생기는 착오를 방지할 수 있다. 메모는 육하원칙으로 해야 분명하게 내용을 기록할 수 있다.

전화를 걸 때 또한 각별히 유의를 해야 한다. 치과에서는 여러 가지 이유로 환자에게 전화를 거는 일이 있다. 대표적으로 병원 사정상 예약을 변경할 경우, 임플란트 수술 전과 후, 임

플란트 정기검진을 알릴 경우, 힘든 치료 후의 해피 콜을 하는
경우, 예약하고 오지 않는 경우다. 이때 환자의 마음에 쏙 들
도록 전화를 거는 기본적인 사항은 다음과 같다. 이 세 가지를
하고 나서 본론으로 들어가면 된다.

1. 수신 확인이 되면 먼저 직원이 자기소개를 한다.
2. 통화 가능 여부를 확인한다.
3. 전화 용건에 대해 간단히 설명한다. 임플란트 수술후
   와 임플란트 정기검진의 경우 이를 생략한다. 대신 환
   자에 대한 안부를 묻는다.

대기실에서 환자에게 믿음을 줘라

"대기실은 말 그대로 대기하는 공간만으로 끝나서는 곤란해요. 대기실을 최대한 홍보 용도로 활용해 환자들이 치과에 대한 신뢰감을 갖도록 해야 합니다."

치과 실장과 직원 대상 강의에서 한 말이다. 대기실을 편하게 머물 수 있는 공간으로만 인식하고 그에 맞게 인테리어를 하는 것으로 끝내는 경우가 있다. 사실, 환자가 몇 분 동안 자리에 앉아 있는 시간은 치과 입장에서 홍보로 활용할 수 있는 금싸라기 같은 시간이다. 이 시간 동안 환자에게 거부감이 들지 않도록 자연스럽게 치과의 장점을 소개하여 한번 찾은 환자를 다시 찾게 만들어야한다.

TV 주말 드라마를 본다고 하자. 그러면 드라마 시작 전과 중간, 끝난 후 CF 광고가 나온다. 시청자는 이 광고를 거부감 없이 시청한다. 이 순간, 무의식적으로 시청자 뇌리에 광고의 홍보 내용이 각인된다.

대기실은 드라마를 보면서 접하는 CF와 같다. 환자가 원장님에게 진료를 받기 전에, 또 치료를 끝난 후 기다리는 시간에 대기실은 홍보관 역할을 할 수 있다. 이때, 직원이 나서서 별도의 치과 소개를 곁들여준다면 더할 나위 없이 좋은 홍보 효과를 낸다. 환자는 무료하게 시간을 보내는 동안 대기실의 홍보를 순순히 받아들인다.

대기실에서 홍보로 사용할 수 있는 도구는 게시판, 소책자다. 게시판으로 소개할 수 있는 내용이 많다. 특히, 원장님의 권위를 살려주는 게 핵심이다. 원장님의 치과 임상 경력, 치과 치료의 철학을 사진과 곁들여 짧은 글을 올려주어야 한다.

여기다가 원장님이 방송에 출연한 모습을 캡처한 사진, 언론에 소개된 기사를 올려주면, 환자는 더더욱 신뢰감을 갖는다. 이때, 치과 치료와 상관없는 지역 봉사와 기부 활동 등에 대한 소식도 올려주는 게 좋다. 요즘 환자들은 치과의사의 실력만 보는 게 아니라 노블레스 오블리제(noblesse oblige)를 실천하는지를 유심히 살펴보기 때문이다. 의사가 실력이 평범하더라도 나눔과 봉사 활동을 많이 하는 것만으로도 많은 환자들이 찾는 치과의 조건이 된다.

게시판에서 환자의 치료 전과 후 사진을 올리는 것도 환자에게 긍정적인 반응을 이끌어낸다. 다른 환자의 실제 사진을 보고 나면 치과 의사에 대한 확신을 가질 수 있다. 이때, 반드시 환자의 동의를 받는 것은 필수다. 동의를 받기 위해 소정의 선물을 주거나 치료비 할인 등을 이용하면 적극적인 환자의 참여를 이끌어낼 수 있다.

그리고 환자의 치료 후기를 게시판에 올려 주면, 치과에 대해 반신반의하는 환자들은 완전히 신뢰의 마음을 굳힌다. 치과에서 홍보하는 백 개의 문구보다 환자의 진솔한 치료 후기 한 개가 더 강력한 홍보효과를 낸다. 내가 컨설팅하는 치과에 올린 한 환자의 치료 후기 두 개를 소개한다.

발전을 기원합니다.

치료를 받으면서 느꼈습니다.

원장님과 더불어 저를 봐주신 여자 간호사님들이 친절했습니다. 무엇보다 들어오면서 데스크 선생님들이 웃으면서 맞이하니 기분이 너무 좋았습니다. 고맙고 또 고맙습니다. 다음에 또 뵙죠.

- 직장인 K

친절하고 상세한 설명이 좋고 신뢰감 있습니다. 진료시 마다 미리 얘기해주는 게 좋았습니다.

- 대학생 J

소책자를 통해서도 소개할 수 있는 내용이 많다. 상당수 치과에는 대기실에 몇 개의 잡지를 구비하는 것으로 끝나는 경우가 많다. 이렇게 환자에게 치과를 홍보할 수 있는 절호의 찬스를 허비하지 말아야한다. 치과 전체를 소개하는 소책자나 각 진료에 맞는 안내 소책자를 준비하는 게 좋다.

치과 전체를 소개하는 소책자에는 원장님에서부터 진료과목 그리고 임플란트 브랜드, 치과의 강점을 소개할 수 있다. 내가 관리하는 치과의 경우 강점을 병원 게시판에 이렇게 소개하고 있다.

우리 치과는 따뜻합니다
1. 1인 1기구 사용으로 안전합니다.
2. 좋은 장비로 꼼꼼한 진단을 합니다.
3. 단계별 무통 마취로 덜 아픕니다.

이상의 시각적인 홍보에 그치지 말고, 직원이 환자에게 다가가 친절한 소개를 해준다면 더할 나위 없이 홍보 효과를 낸다. 직원이 환자에게 할 수 있는 말은 다른 게 없다. 환자들이 궁금해 하는 점, 의구심을 품고 있는 점을 콕 집어서, 그에 대해 간명하게 설명해주는 것만으로 충분하다.

환자들이 의구심이 갖고 있는 것 중 하나는 치과 의사가 아닌 간호사가 왜 치료를 하느냐는 점이다. 시간에 쫓긴 의사가 간호사에게 치료를 떠넘기는 게 아니냐는 의혹을 갖기도 한다. 이에 대해 간단히 치위생사를 알리는 코멘트를 해주는 게 좋다.

"우리 치과에서는 원장님의 지도 아래 치위생사가 스케일링, 치아 본뜨기, 방사선 촬영 등을 합니다. 치위생사는 이런 일을 할 수 있는 국가자격증을 가지고 있어요."

이렇게 말하면, 환자는 치과에 대한 두터운 신뢰감을 갖는다.

빈틈없이
직원을 양성하고
관리하라

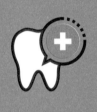

직원 구조를 고려해 채용하라

치과에서 직원을 뽑을 때 가장 먼저 고려해야하는 게 뭘까? 무작정 경력 많고 실력 좋은 직원을 뽑기만 하면 될까? 그렇지 않다. 직원 채용을 할 때는 직원의 구조를 고려해야 하는 게 무엇보다 중요하다.

직원 몇 명을 채용할 것인지, 채용하는 직원의 포지션은 무엇인지, 기존 직원과의 유기적인 관계 등을 감안해야한다. 통상적으로 치과에서는 실장 1명, 데스크 1명, 직원 3명의 기준을 두고 채용을 하는 경우가 많다. 이때 치과에서는 연차라는 서열이 매우 중요하므로, 단계적으로 차이를 두고 직원을 뽑는 게 좋다. 예를 들어 진료실 직원의 경우, 2년차 치과 위생사 1명, 4년차 1명, 6년차 1명. 실장의 경우 8년차 이상, 데스크의 경우 2년차 이상. 이렇게 구체적으로 직원의 구조를 고민하는 것이 좋다.

그래야 서로 일을 할 때 척척 손발이 맞고, 서로 배울 수 있는 구조가 되어 오래 일 할 수 있는 환경이 된다. 요즘 들어 채용이 어려워진 상황에서 개원이 급하다고 '구조'를 생각하지 않고 채용을 하는 경우가 많다. 치과위생사와 조무사의 관계 또한 구조를 잘 파악하지 않고 채용하면 직원들의 불평이나 불만이 생기며, 직원 구조가 오래 지속 되지 못한다. 직원 사이에 소통의 장애, 업무의 차질이 생김에 따라 직원이 머지않아 다른 곳으로 이직해버린다.

원장은 최대한 본인이 어떤 직원을 몇 명 채용할 것이며, 어떤 면허증 소지자를 채용 할 것인지, 연차는 어떻게 구성할 것인지를 잘 고민해야한다. 만약 주 오프(주 40시간에 맞추기 위해 월, 토요일 중 1회 오프)를 준다면 직원의 수를 미리 고민하는 것이 좋다.

하지만 이렇게 해서 막상 직원을 구하려고 해도 그게 쉽지 않은 게 현실이다. 치과에서 직원을 구하기가 하늘의 별따기라는 말이 괜히 나온 게 아니다. 직원이 없어서 못 구하고 있다보니, 도대체 대학을 나온 치과위생사가 어디로 갔는지 문의하는 분이 많다. 그러다 보니 〈덴탈 잡〉 채용 사이트에서는 치과 구인 광고가 넘쳐나고 있다. 그 광고를 보면, 얼마나 치과에서 직원을 구하기 위해 안간힘을 쓰고 있는 지 알 수 있다.

각종 복지 혜택과 주 34시간 근무를 내세우는 것과 함께 자기 병원이 더 잘 나간다고 홍보성 문구를 적는다. 문제는 이렇게 함에 따라 치과 직원의 이직율만 높아가고 있다는 것이다.

직원 입장에서는 조금이라도 더 좋은 조건을 제시하는 치과를 옮기면 되기 때문이다.

이런 상황에서 치과는 더더욱 고민이 깊어지고 있다. 채용글을 신경 써서 적어야 실력 있는 직원을 구해서 장기 근무를 시킬 수 있기 때문이다. 이제는 단지 직원에게 많은 복지를 주는 것에 그쳐서는 안 된다. 요즘 대학원을 나와도 취업이 어렵지만 치과 분야는 예외다. 치과 직원은 언제든지 취업할 기회가 열려있다. 따라서 이들에게 연차, 주 40시간 미만 근무, 인센티브 제공, 최고 우대 등은 특별하게 와닿지 않는다.

과연 어떻게 채용 글을 써야 직원들이 보고 혹 할까? 이는 전적으로 직원의 입장에서 서서 생각해봐야한다. 직원들이 진정으로 바라는 게 무엇인지를 잘 파악해야한다. 치과 직원들이 공통적으로 원하는 것은 다음 7가지이다.

1. 적게 일하는 시간
2. 주 오프
3. 긴 휴가
4. 돈 많이 주는 곳
5. 배울 수 있는 곳
6. 직원들이 따뜻한 곳
7. 원장님이 직원을 잘 대해주는 곳

이것을 다 충족시켜주면 더할 나위 없이 좋다. 하지만 병원 경영상 그게 가능하지 못할 수 있다. 따라서 주변 치과들의 비슷한 조건을 걸되, 치과에서 원하는 방향의 글을 작성하는 것이 좋다.

이때, 직원에게 특별하게 와 닿는 것이 5번, 6번, 7번이다. 대다수 치과에서 이를 간과하는 경우가 많지만 직원들이 이를 절실하게 원하고 있다. 따라서 이런 글을 올리는 게 바람직하다.

'우리 치과에서는 배울 수 있는 세미나를 진행하고 있고, 임상 교육을 원장님이 직접 해주시고 있습니다.'

'우리 치과는 하루 8시간 이상 가족보다도 더 많은 시간을 함께하는 사람들로 이루어져 있습니다. 그래서 직원들과 따뜻한 관계를 만들고 싶은 직원들을 채용하고 싶습니다.'

'우리 치과 원장님은 직원을 존중하고 의견을 잘 경청하고 있습니다.'

이런 글귀를 보는 순간, 직원은 그곳에 이력서를 보내기로 마음을 굳힌다. 우선 교육을 통해 성장할 수 있다는 점에서 매력적으로 다가온다. 그리고 훈훈한 인간적 관계가 직원의 마음을 더 잡아끈다. 대다수 직원들이 인간관계에 치여 너무나 힘들었던 경험을 했기 때문이다. 여기에다 원장의 훈훈한 인품이 무척이나 호감 있게 다가온다.

치과는 원장 혼자 하는 게 아니다. 아무리 실력 좋은 원장이라도 받쳐주는 직원이 부실하면 제대로 치과를 경영하기가 힘들어진다. 따라서 직원 채용이 중요하다. 직원을 채용할 때는 무엇보다 직원의 구조를 고민해야한다. 그 다음 채용 글에 구직자들의 가슴에 와 닿는 치과의 교육과 따뜻한 인간관계, 원장의 훈훈한 인품을 보여줘야 한다. 그러면 직원 채용에 대한 고민을 줄일 수 있다.

진솔하게 직원 면접을 하라

통상적으로 치과에서 직원 면접에 쓰는 시간이 너무 부족하다. 원장님을 만나기 위해 직원은 5~10분을 기다리고 나서 10~15분 간 면접을 본다. 오랜 시간을 함께 할 직원을 뽑는 면접에 이 정도의 시간만 써도 될까?

워낙 바쁘고, 또 수시로 직원 면접을 봐야 하는 원장의 사정을 감안해야 한다. 하지만 짧은 면접 시간을 당연한 것으로 치부해서는 곤란하다. 현실적으로 면접에 많은 시간을 쓸 수 없다면 짧은 시간을 보다 알차게 사용하는 방안을 세우는 게 좋다.

내가 진행하는 면접에서 제일 주안점을 두는 것은 최대한 딱딱하지 않고 자유로운 분위기를 조성하는 데 있다. 그러면서 면접 지원자에게 많은 질문을 한다. 이를 통해 면접 지원자의 실무 능력과 함께 사람 됨됨이를 파악한다. 사실, 지원자의 실무 능력은 별도로 작성하도록 한 설문지를 통해서 거의 다알 수 있다. 따라서 실제 면접 때에는 사람 됨됨이를 집중적으로 알아보려고 한다.

주로 개인적인 점에 대해 많이 물어본다. 예를 들면 이렇다. 본인의 장단점이 무엇인가? 본인 자신을 어떻게 생각하는가? 5년 후 본인은 어떤 모습인가? 본인에게 어떤 목표가 있는가? 대인관계는 어떤가? 내향적인가, 외향적인가?

이때 지원자가 단답형으로 끝나지 않고 자기만의 생각을 대화하듯이 소신껏 펼쳐 보이는 것이 좋다. 그렇다고 스피치 학원에서 면접 트레이닝을 받을 만큼의 스피치 능력을 요구하진 않는다. 말을 할 때 떨리는 모습을 보여도 무방하다. 오히려 인간적으로 보이기 때문에 좋다. 그 대신 말을 할 때 미소를 잃지 않는 것을 중요시한다. 항상 많은 환자 고객을 응대해야하는 병원의 특성상 환자에게 밝은 표정을 잃지 않아야하기 때문이다.

그런데 몇몇 분은 내게 이런 질문을 하는 경우가 있다.

"틀에 정해진 질문만 해도 시간이 빠듯한데, 많은 질문을 할 필요가 있을까요? 혹시 질문을 많이 하다보면 깊이 있는 대답을 얻지 못하는 건 아닌가요?"

이는 피상적으로 보았다. 실제로는 그렇지 않다. 많은 질문에 면접 지원자가 많은 이야기를 하다보면, 저절로 면접 지원자의 진실한 모습을 드러낸다. 이 진실한 모습을 파악하기 위해 나는 가능하면 많은 질문을 하고 있다. 면접 지원자는 면접을 하기 전에 예상 질문에 대한 예상 답변을 준비해온다. 예상 질문의 답은 보통 미래에 관한 것들이다. 앞으로 어떻게 할 것인지, 직원과 어떻게 지내겠다는 것이다. 하지만 면접관은 과거 경험에 대한 질문을 하는 것이 좋다. 그래서 정해진 틀에 벗어난 질문을 많이 하다보면, 진짜 자신의 모습을 드러낸다.

면접장에서 치과원장과 면접 지원자는 가면을 쓰고 만난다. 따라서 서로 좋은 모습만을 상대에게 보여주기 때문에 실제로 함께 생활을 했을 때 어떻게 변할지 알 수가 없다. 그래서 가면을 쓴 채로 면접 지원자가 하는 말은 그대로 받아들이지 않는다.

예를 들어, 진료실에서 할 수 있는 일이 무엇인가요?, 어떤 걸 주로 하셨나요?, 이런 업무도 하실 수 있나요?라고 면접 지원자에게 묻는다고 하자. 그러면 가면에 가린 면접 지원자는 원장이 듣기에 흡족한 대답을 한다. 고난도의 진료 업무를 할 수 있으며, 많은 경력이 있고 거의 모든 일을 할 수 있노라고 답한다. 그런데 막상 채용해 놓고 보면 실제와 너무 거리가 먼 경우가 많다.

치과 실장 초기에 내가 진행한 면접에 적잖은 시행착오가 있었다. 면접 시 너무나 흡족한 직원을 만났다고 기뻐했지만, 얼마 지나지 않아 말과 행동이 다른 경우가 허다했다. 실력이 있었지만 동료 직원과의 대인 관계가 원만하지 못하거나, 아예 진료 실력이 따라오지 못하는 일이 비일비재했다. 이런 경험을 통해, 지금은 면접할 때 많은 질문을 통해 상대방의 가면을 벗겨내려고 노력을 하고 있다.

유의해야 할 점은 면접 시에 원장도 자신의 가면을 벗어내야 한다는 점이다. 면접 시에는 면접 지원자만 준비를 해야 하는 게 아니다. 진솔한 직원을 만나려면 우선 원장 자신이 가면을 벗어야한다. 이 모습에 면접 지원자가 자신의 솔직한 모습을 드러낸다.

따라서 원장이 성의 없이 생각나는 대로 지껄이거나 허풍을 늘어놓는 것은 면접 지원자에게 나쁜 이미지를 준다. 경력 직원은 눈치 백단이기에 단박에 그게 사실인지 아닌지를 알아낸다. 원장은 솔직하게 사실에 근거해서 말을 해야 한다.

내가 어떤 사람이고, 나는 병원을 어떻게 꾸려나갔으면 하고, 나의 철학은 무엇이다라고 분명하게 말해야한다. 절대 치과를 잘 보이기 위해 면접 지원자를 현혹하는 말을 하지 않는 게 좋다. 모든 치과에는 룰이 있는데, 그것을 사실 그대로 전달해줘야 한다. 그래야 채용 후에 직원 불만이 생기지 않는다. 예를 들면 이렇게 말해야한다.

"우리 치과는 오버타임 수당이 없습니다. 하지만 치과에서 오버타임이 생기는 경우가 종종 있어요. 물론 저는 오버타임을 좋아하지 않습니다. 하지만 환자분을 봐드리는 입장에서 종종 생기고 있는데 최대한 생기지 않게 힘쓰고 있습니다. 괜찮은가요?"

이렇게 솔직하게 오버타임이 있다고 이야기 해주는 것이 차후 직원들이 불만을 덜 가지게 할 수 있다. 종종 면접에서 원장이 우리 병원은 오버타임이 없고, 우리 병원은 각종 비용을 많이 챙겨 준다는 식으로 차후 문제가 되는 이야기를 한다. 이런 이야기는 자제하는 게 좋다. 그 대신 면접 시 솔직하게 오버타임 수당이 없다고 말하자. 그런데 직원이 이런 이야기를 듣고 취직 한 후, 치과경영이 좋아지면서 수당을 받는다면 그만큼 좋은 일이 없다. 나중에 치과에서 서로 인상을 찌푸리는 일이 생기지 않는 것은 너무나 당연하다.

면접 시에는 최대한 자연스러운 분위기 속에서 면접 지원자가 자유롭게 많은 말을 하도록 시켜야한다. 그리고 이를 통해 면접 지원자의 진실한 모습을 파악해야한다. 이와 함께 원장은 실력있는 직원만을 뽑는데 혈안이 되어 과장되게 말하지 말아야한다. 사실 그대로 말하고, 면접 지원자의 호응을 유도해야한다. 면접은 면접, 그 자체를 위해서가 아니라 직원의 채용 후를 위해 존재한다.

인사 규정으로 직원을 통솔하라

 "원장님, 세미나 들으러 가고 싶어요. 세미나 지원비 주
시는 거죠?"

"우리 치과에서는 별도로 지원비가 지급되지 않아요."

"아니, 그게 얼마나 된다고요? 세미나 다녀오면 내 진료 업
무에 도움이 많이 될 텐데요."

새로 취업한 직원과 원장 사이의 대화다. 보시다시피 서로
오해가 생겼다. 금전적인 면에서 보면 세미나 지원비가 얼마
되지 않는다. 얼마 전 원장님이 새 직원이 들어왔다고 회식 자
리를 마련하면서 한턱 쏜 것에 비하면 너무나 적은 금액이다.
당연히 새 직장에 근무한지 얼마 되지 않는 직원은 이 정도쯤
은 인심 좋게 지원해주겠지 하고 생각했다.

원장은 단호했다. 한 직원에게만 특별히 세미나 비용을 주
는 일이 있을 수 없다고 했다. 치과에서는 모든 직원에게 균등
하게 대하고 있다고 했다. 직원은 면접 때 연차가 있고, 복지

가 좋다고 했던 원장의 말을 떠올렸다. 따라서 당연히 직원은 원장이 세미나 지원비 정도는 대줄 줄 알았다. 직원은 크게 실망했다.

'면접 때 세미나 비용을 지원해주겠다고 말한 것 같은데 왜 안 해주지? 면접 때와 근무할 때가 다르네. 원장님은 거짓말쟁이야. 신뢰할 수 없어.'

이런 일이 생기자 직원은 치과에 대한 애정이 사라졌다. 다른 근무 조건인 연차, 연봉 등은 만족스러웠다. 하지만 원장님이 직원을 위해 사소한 교육비를 지원해 주지 않은 것에 감정이 상했다. 더 나아가 원장이 면접 때에 했던 말과 다르게 행동한다는 것에 대해 너무나 화가 났다. 마음이 상한 직원은 얼마 지나지 않아 다른 곳으로 이직해버렸다.

비슷한 예가 또 있다. 새로 치과에 취직한 직원이 부모님을 모셔와 진료를 보게 했다. 부모님이 살고 계신 곳은 치과가 있는 곳에서 꽤 먼 곳이었다. 직원은 원장님을 존경했고, 치과 근무에 만족하고 있었다. 그래서 일부러 자기 치과에 부모님을 모셔왔다.

직원은 데스크와 원장님에게 미리 자신의 부모님이라고 알려주었다. 그러면서 마음속으로 이런 생각을 했다.

'먼 곳에서 일부러 내가 근무하는 치과에 부모님을 모셔왔으니 잘 해주겠지. 그렇지 않다면야 연로하신 부모님을 두 시

간이나 걸려서 여기까지 올 이유가 없지. 아마 50%로 해주지 않을까?'

이 역시 오해의 여지가 있다. 치과의 인사 규정 상 부모님에게 50%에 할인해 준다는 조항이 있다면 괜찮다. 그렇지만 이런 조항이 없을 경우에 직원은 상처를 받을 수밖에 없다. 기껏 자신이 근무하는 치과에 부모님을 모셔왔는데 대폭 할인을 안 해주기에 말이다. 안타깝게도 이런 일은 비일비재하다.

왜 이렇게 직원과 치과 사이에 오해가 생기는 걸까? 이는 인사 규정이 있느냐 없느냐 때문에 생긴다. 명확한 기준이 정해진 인사 규정이 있으면 이런 오해를 막을 수 있다.

치과는 의료 서비스를 제공하는 하나의 직장이다. 다른 직장의 경우, 모든 업무가 서면으로 진행되기에 직원이 근무하면서 직장 상사와 오해가 생길 여지가 없다. 직원들이 하나같이 서면에 쓰인 기준에 따르면 된다. 특이하게도 치과의 경우에는 그렇지 못하다. 원장님이 원하는 대로 진행하는 경우가 있고, 실장이 하자는 대로 하는 경우가 있다. 주먹구구식이다 보니 기준이 애매모호하다.

그래서 치과와 직원의 관계에 불협화음이 생긴다. 이로 인해 치과와 직원의 돈독한 관계가 오래 지속되는 게 어렵다. 자꾸 오해가 생기고, 신뢰감을 잃어버리니 직원이 한곳에 오래 근무하지 못한다. 이를 방지하기 위해서 치과는 입사하는 직

원들에게 명확하게 '근무의 룰' 곧 인사규정(취업규칙)을 명시해
줘야한다.

내가 관리하는 치과의 경우 이렇게 세분화하여 명확한 기준
을 세워놓고 있다.

- 지각·조퇴·병가·진료 시작 시 미출근 사용 수칙
- 연차·주차·공가 사용수칙
- 특별 상여금 직원 및 직계 가족 진료 할인
- 추가 근무 시 수당 지원
- 간식비, 부서지원비, 회식비, 유니폼과 신발 지원
- 자궁경부암과 독감 백신, B형간염주사 지원

지각·조퇴·병가 사용 수칙의 경우, 기준과 함께 처리방식과
상벌을 명시해놓았다. 지각의 경우 9시30분 이전 출근이 아
닌 경우 모두 지각이다. 조퇴는 출근 후와 사후 처리로 구분되
며, 출근 후에는 개별적 실장 보고 후 조퇴 유/무를 결정하며,
사후처리는 사유서 및 진료확인서를 제출해야한다. 이때 연차
1/2차감을 한다.

결근은 출근 전과 사후처리로 구분되며, 출근 전에는 출근
시간 30분 전(9시)까지 실장이나 원장에게 전화를 해야 하며,
사후처리는 사유서 및 진료확인서를 제출해야한다. 이때 연차

1회 차감하는데 연차 없는 사람은 일급 차감 및 주차 차감을 한다.

진료 시작 시 미 출근 조항에는 세 가지 경우가 있다. 병가일 경우, 그 밖의 사유일 경우, 진료확인서 및 증빙서류를 제출 못할 경우이다. 병가일 때는 연차 차감하고 그 외의 경우는 다음 주에 주차를 차감한다. 이와 함께 병가에는 누적에 의한 징계를 하고, 그 외의 경우는 1회시 지도, 2회시 시말서, 3회시 권고사직을 하고 있다.

이렇게 꼼꼼하게 작성해야하는 게 인사규정이자 취업규칙이다. 취업규칙은 근로기준법 기준으로 직원 10명 이상은 꼭 고용부 홈페이지에 신고해야 하는 것이다. 특히나 치과 입장에서도 많은 직원을 기준에 따라 더 효율적으로 다루기 위해 필요하다. 그렇다고 5인 미만의 치과는 안 해도 되는 것이냐 하면 그렇지 않다.

5인이든 3인이든 한 직장으로서 치과에서는 반드시 직원들이 지켜야할 약속을 서면으로 작성하고 공유해야한다. 이를 한부 뽑아 놓고 항시 병원에 비치하도록 하는 한편 직원들이 숙지하고 있는지 확인해야한다. 이렇게 해놓으면 치과는 체계적으로 직원을 관리할 수 있고, 직원은 분명한 기준에 따라 일사분란하게 근무를 한다. 인사규정은 치과와 직원 사이에 불필요한 오해를 막고 서로 신뢰하게 만든다.

3명 직원이 근무하는 동네 작은 치과다. 한 직원이 늦은 오후에 나와서 죄송하다고 한다. 이때 원장은 인심 좋게 그래 다음부터는 그러지 말라고 할 것인가? 그렇다면 치과는 직장이길 포기하고 동네 구멍가게가 되고 만다. 이 치과는 이 규모 이상으로 성장하는 걸 내다볼 수 없고 현상 유지에 바쁘다.

늦게 출근한 직원에게 단호하게 이렇게 말할 수 있어야한다.

"우리 인사규정에 이렇게 나와 있어서 너도 안타깝지만 그 규정을 따라줘야 해~ 그래야 다른 직원들도 너에게 불만이 생기지 않을 거야~ 이해해 줄 수 있지?"

이렇게 하면 직원 관리와 통솔에 유용하다. 이러한 인사 규정의 룰이 있으면 치과와 직원 사이에 믿음이 더욱 튼튼해진다. 이렇게 하면 그 치과는 경쟁력이 매우 높은 직장이 된다. 빠르게 다른 치과를 치고 올라설 수 있다.

직원 업무 분담을 엄격히 정하라

치과 컨설팅을 할 때 우선적으로 하는 게 진단이다. 직접 해당 치과를 방문해 일주일 동안 원장과 직원들을 만나 상담을 하고, 치과 운영 실태를 환자 입장에서 모니터링을 한다. 이렇게 하면 거의 모든 문제점을 찾아낼 수 있다.

한번은 매출이 높은 치과에서 컨설팅을 요청해 와서 놀란 적이 있었다. 생긴 지 얼마 안 된 그 치과는 공격적인 마케팅을 펼쳐 많은 환자를 유치하는 데 성공했다. 그래서 별 문제가 있을 거라곤 생각을 못했다. 그런데 막상 원장을 만나보니 고민이 작지 않았다.

"이 지역에서 탑3에 들 정도로 매출이 높습니다. 매출에 대한 고민은 전혀 없습니다. 고민은 다른 데 있어요. 아무리 복지를 잘해주고 연봉을 높여줘도 직원들 이직율이 매우 높습니다. 자꾸 직원이 바뀌다보니, 업무에 차질이 자주 생겨요. 이 문제만 해결되면 두 다리 펴고 지낼 수 있을 겁니다."

외형적으로 보면, 직원들이 이직할 이유가 없어 보였다. 다양한 혜택, 지원과 함께 직원들에 대한 원장의 배려심이 돋보였다. 역시나 며칠 간 치과 운영 실태를 모니터링을 해보았지만 특별히 문제가 되는 게 없어보였다. 그러다 직원들과 면담을 하자 문제점이 드러나기 시작했다. 부지런하게 근무하는 것으로 여겼던 신입 데스크 여 직원이 울분을 토하듯이 입을 열었다.

"항상 나만 일을 해서 속상해요. 주 업무 외에 하는 일이 많아요. 데스크 정리에서 테이블 걸레질, 컴퓨터 끄기, 화분 물주기, 원장실 책상 물걸레질을 합니다. 게다가 막내이다 보니 수술실의 휴지통 비우기, 물걸레질도 하고 있어요. 누가 시키지 않아도 눈치껏 할 수밖에 없어요. 저는 열심히 근무하고 싶기는 해요. 하지만 다른 직원과 비교를 하다보면 너무 스트레스가 많아요."

그때서야 문제점을 알 수 있었다. 이 치과에서는 엄격하게 업무 분장이 이루어지지 못했다. 그래서 막내에게 많은 일이 몰리게 되었고, 또 매번 일을 하는 사람만 하게 되어 있었다. 연차가 많은 직원은 다른 일로 자리를 비웠고, 연차가 낮은 직원이 눈치껏 일을 도맡아서 해야 하는 구조였다. 이 과정에서 연차가 많은 직원은 내가 안 해도 다른 직원이 한다는 생각에 젖어들었으며, 연차가 낮은 직원은 시키지 않는 일도 해야 한다는 생각에 빠졌다.

이 와중에 제일 피해를 보는 사람이 신입 직원이었다. 면담이 끝난 후 나는 원장에게 말했다.

"왜 이 치과 직원의 이직률이 높은지 알게 되었네요. 업무분장이 잘 되어있지 못하기에 서로 일을 회피하게 되었고, 그 결과로 연차가 낮은 직원에게만 일이 몰리게 되었어요. 그래서 치과를 그만둘 수밖에 없었겠네요."

직원 수가 적거나, 새로 생긴 치과일수록 엄격한 업무 분장에 소홀하기 쉽다. 조목조목 따져서 어느 일은 누가하고, 또 어느 일을 누가한다고 명시하는 것이 귀찮은 일이기 때문이다. 그러면서 서로서로 도와줘서 일을 하면 되고, 또 시간이 되는 직원이 알아서 일을 하면 된다고 생각한다. 이는 큰 오산이다.

어느 직원도 시간이 남아도는 경우가 없기 때문이다. 다들 자기 업무를 하기에도 시간이 빠듯하다. 그런데 시간적 여유가 있는 직원이 알아서 일을 한다는 것은 말도 되지 않는다. 고년 차 직원은 환자를 보는데 더 많은 시간을 할애해야 한다. 따라서 사소한 쓰레기 버리기조차 하기 쉽지 않다. 그래서 저년차 직원들이 자기 주 업무를 하는 동시에 나머지 일을 할 수밖에 없다. 그 결과로 직원들 모두 이런 하소연을 한다.

"나만 일을 많이 해요. 그런데도 또 할 일이 넘쳐나서 미칠

것 같아요."

따라서 청소부터 재료, 임플란트, 기공물, 비품 관리 등 모든 면에서 직원에게 업무 분담을 해줘야한다. 이를 통해, 직원들이 자기가 맡은 일이 무엇인지를 분명히 알 수 있으며 비효율적인 업무 중복이 생기지 않는다. 업무 분담을 명확히 하게 되면, 모든 직원들이 자기 업무에 책임감을 갖고 일한다.

업무 분담을 하여 담당자를 정할 때는 정·부 담당자 두 명을 정해주는 게 좋다. 그 이유는 정 담당자가 오프인 날에는 손이 비기 때문이며, 둘 중의 한 명이라도 일을 챙기게 할 수 있기 때문이다. 그리고 업무 분담은 고정시키지 말고 로테이션을 돌려주는 게 좋다. 여기서 그치지 말자. 모든 업무를 담당하고 검토하는 '장'을 둬야한다. 바로 중간관리자 실장이다. 그래야 각 직원이 주 업무 외에 공동 업무를 잘 할 수 있도록 지켜보면서 유도할 수 있다.

원장님의 임상 교육은 필수다

"경력 치위생사인데 임상 교육을 하라고요?"

지방의 한 치과 개원 예정의가 의아스러운 반응을 보였다. 체어 세 개의 자그마한 치과의 개원을 한 달여 앞두고 있었다. 그 원장은 자신이 직접 직원 교육을 하기가 엄두가 나지 않았다. 그래서 내게 직원 교육을 해달라고 요청했다.

보통은 개원을 하기 전에 완벽하게 직원 교육을 끝내야한다. 체계적인 직원 교육을 통해 치과 시스템이 장착되어야 치과는 톱니바퀴처럼 차질 없이 돌아간다. 직원 교육을 하지 않으면 치과의 고객응대, 업무와 진료, 구성원 간에 소통이 원활하게 이루어질 수 없다. 직원 교육이라면 상담 교육, 서비스교육, 임시치아교육, 기공교육, 임상 교육 등이 대표적이다. 이는 특히 신입 직원은 물론 경력 직원에게 절대적으로 필요한 교육이다.

그런데 내가 지방의 그 원장에게 경력 치위생사들에게 임상 교육을 하라고 주문하자, 그가 선뜻 이해하지 못했다. 그 원장은 경험이 많은 치위생사에게 임상 교육이 필요하지 않은 것으로 생각했다. 그는 직원 뽑을 때 4년차 이상 경력 치위생사를 뽑았으니, 따로 임상 교육을 할 필요가 없다고 생각했다. 풍부한 임상 경험이 있기에 당장 실전에 투입할 수 있다고 보았다.

이는 하나는 알고 둘은 모르는 것이다. 치과 원장마다 치료 진단과 술식, 재료가 천차만별이다. 따라서 다른 치과에서 경력을 쌓은 치위생사는 그 치과 원장이 선호하는 방식과 재료에 익숙하지 않다. 이것을 놓치고 임상 교육을 하지 않으면, 환자를 받았을 때 삐걱거릴 수밖에 없다.

임상교육을 하지 않는다면, 유능한 치위생사의 입에서 이런 변명이 나오게 된다.

"내가 다니던 병원에선 이 재료는 안 썼는데요."

"전 치과 원장님은 이럴 때는 인레이 진행하셨는데요."

"전 병원은 신경치료를 4번 이상 했었습니다."

치위생사의 입장에서는 너무나 당연한 말이다. 실제로 치위생사는 전 치과에서 그렇게 임상을 해왔기에 그게 몸에 배여 있을 수 있다. 따라서 전 치과에서 했던 방식과 다른 것은 알지도 못 하고 자신이 그 동안 진행 한 진료술식이 맞다고 생각할 수 밖에 없다. 그렇기에 직원을 나무랄 수는 없는 것이다.

안탑깝게도 몇몇 치과 개원 예정의는 경력 치위생사를 뽑기만 하면 진료와 치료, 수술에 아무런 문제없이 진행될 거라고 생각하고 있다. 이는 대단한 착각이다. 며칠이 지나지 않아 손발이 맞지 않아서 제대로 진료, 치료, 수술이 진행되지 못한다. 결과적으로 이런 일이 생길 경우, 이는 치과의 관리 지도의 책임자인 의사의 잘못이라고 봐야한다.

치과 개원의는 경력 치위생사를 선호하는 게 당연하다. 경력 직원의 업무 능률과 생산성이 높기 때문이다. 그렇다고 뽑아놓기만 하고 두 손 놓아서는 안 된다. 모든 기업체를 통틀어서 경력 직원이 선호되는 게 사실이다. 하지만 경력 직원이 조직의 구성원으로 거듭나기 위해서는 '조직 사회화'(organizational socialization)를 겪는다고 한다. 전 직장과 다른 새 직장의 업무 스타일, 문화, 인간관계 면에서 시행착오를 겪는다는 것이다. 이 시행착오를 줄여주는 건 당연히 회사의 몫이 되어야한다.

따라서 치과 개원 예정의는 개원 전에 자신의 진료술식과 진료시 사용하는 재료에 대한 임상 교육을 치위생사에게 반드시 실시해야한다. PPT로 제작하여 다 모이는 자리에서 교육을 진행 할 수 있고, 혹은 기구를 직접 보면서 진행할 수 있다. 이렇게 완벽하게 임상 교육을 한 후 개원을 해야 원장과 직원의 손발이 척척 맞는다.

면담과 이벤트로 직원과 소통하라

"타인의 요구를 경청하는 사람은 모두를 이끌 수 있는 잠
재력이 있는 리더가 된다."

『서번트 리더십(Servant Leadership)』의 저자 로버트 그린리프
의 말이다. 과거에는 제왕적 리더십이 조직을 이끌었다면, 지
금은 서번트 리더십 곧, 섬기는 리더십이 대세를 이루고 있다.
이는 리더와 조직 구성원의 수평적 관계와 의사소통을 중시하
는 리더십을 말한다.

실제로 수많은 기업체에서 서번트 리더십으로 직원과 소통
함으로써 많은 경영성과를 내고 있다.

개인적으로 수많은 치과를 컨설팅하여 치과의 매출을 높여
왔다. 이때 매출을 높이는 데 큰 역할을 하는 게 원장의 서번
트 리더십이다. 매출이 저조한 치과는 어김없이 원장과 직원
사이에 소통이 잘 안되었다. 마치 원장이 왕처럼 직원들을 함

부로 다루거나, 원장이 직원들을 회피하는 경우가 많았다. 이런 치과는 아무리 마케팅을 잘하고, 진료비가 낮아도 매출 실적이 개선되지 않는다. 이 치과에서 필요한 건 다름 아닌 경청하고 소통하는 리더십 곧 서번트 리더십이다.

지방의 한 치과를 방문했다. 그 치과는 매출이 저조해서 고민이 많았다. 일주일간 모니터링을 해보았다. 그러자 원장과 직원 사이에 소통이 전혀 되지 않았다는 것을 알 수 있었다. 원장은 대부분의 시간을 원장실에서 보냈고, 직원들과의 업무 외적인 대화가 거의 없었다. 직원들과 업무, 진료 이야기를 할 때는 주로 지시 형으로 자기말만 하고 끝냈다. 그러다가 직원이 실수를 할 때 언성을 높이면서 지적을 했다.

역시나 몇몇 직원들과 상담을 해보니 이런 반응이 나왔다. 한 직원이 이렇게 말했다.

"항상 원장님은 자기 말만 하고 우리 직원의 이야기를 전혀 안 들어요. 그래서 일을 하는데 보람이 적고 동기부여가 잘 안 되는 것 같아요. 기계처럼 시키는 일만하고 끝내야하니까요."

또한 직원이 이렇게 말했다.

"치과는 환자와의 소통이 중요하잖아요? 그러면 우선 치과에서 원장님과 직원들의 소통이 잘 되어야 자연스럽게 직원과 환자의 소통이 잘 이루어지지 않나요? 우리 원장님과 직원이 소통이 잘 안되는데 어느 직원이 환자와 소통을 잘 할 수 있습니까?"

이런 상담 결과를 정리해 원장에게 알려드렸다. 그러자 원장이 놀라면서 말했다.

"늘 바빠서 그랬지요. 진료를 보느라, 학회 논문 발표 준비를 하느라 그랬지요. 직원들이 잘 따라와 줘야 하는 거 아닙니까?"

그 원장은 선뜻 자신의 문제점을 받아들지 못했다. 시간이 필요했다. 지속적으로 원장의 리더십이 바뀌어야한다고 주문했다. 이제부터는 적극적으로 직원과 소통하라고 했다. 그러면 동기 부여가 되어 흥이 난 직원들이 스스로 알아서 더 열심히 업무와 진료를 한다고 했다.

몇 주 후 그 원장이 환골탈태하는 심정으로 직원과의 소통을 해나가겠다고 했다. 원장은 자신이 바뀌지 않으면 자칫 치과가 폐점할 수 있다는 위기의식을 느꼈다. 내가 그 원장에게 단기간에 효과를 볼 수 있는 두 가지를 알려드렸다. 면담과 이벤트다.

면담은 직원과의 수평적 관계를 끌어올린다.

몇 명 안 되는 직원들과 면담까지 해야 하느냐고 볼멘소리를 하는 원장이 있을 수 있다. 이는 오해다. 직원들 한 명 한 명과 면담을 통해 수평적 관계가 조성될 때 직원은 의욕적으로 업무를 한다.

어느 치과에서나 직원들이 크고 작은 문제로 속앓이를 하고 있다. 이를 누군가는 들어주어야한다. 이를 그대로 방관한다면 그 직원은 한곳에 머무를 이유가 없다. 따라서 원장은 분기별로 면담 시간을 정해주는 게 좋다. 그러면 직원이 그 면담 시간에 평소 갖고 있는 불만사항, 애로 사항을 속 시원하게 털어놓는다.

면담은 상담실에서 하는 것이 좋다. 원장실은 공간 자체에서 위압감을 주기 때문이다. 차 한 잔을 마시면서 원장이 여러 가지 포인트를 정해서 묻고 이에 대해 직원이 대답하게 하자.

이때 원장이 경청하고 소통하려는 자세를 취해야한다. 고자세로 자기 말을 많이 하고, 상대방의 말을 잘 안 듣고 중간에 잘라버리는 태도는 솔직한 면담을 방해한다. 그리고 거울을 보면서 웃는 표정과 따뜻한 말투를 반복 연습하는 게 좋다. 면담을 하는 직원들은 원장의 표정과 말투에 무척이나 예민하기 때문이다.

한 치과에서는 분기별로 원장이 직원들과 점심식사를 한다. 이 시간에 형식에 구애받지 않고 자유롭게 면담을 한다. 직원들은 치과를 벗어난 공간에 있다 보니, 훨씬 홀가분하게 속 이야기를 털어놓을 수 있다. 그래서인지 그 치과 직원들의 근무 만족도가 매우 높았다.

이벤트는 직원들의 업무 만족도를 높인다.

내가 관리하는 치과는 일주일에 1회 교육을 진행하고 있다. 원장의 임상교육, 메이크업 교육, 임시치아 교육, 고객응대 교육 등 직원들이 선호하는 교육을 하고 있다. 이때 그 치과는 교육을 받고 그냥 끝내는 것으로 하지 않고 이벤트로 연결하고 있다.

직원들에게 상금을 걸고 이런 이벤트를 하고 있다.

- 구강 포토 촬영대회
- 트리오스 스캔 찍기 대회
- 임시치아 정확하게 깎기 대회

직원들이 자기가 듣고 싶은 교육도 받고 또한 상품을 받는 이벤트에 참가한다. 그래서 직원들은 재미로 교육에 더 열심히 임한다. 그 결과 직원들의 이직율이 매우 낮은 것은 당연하며, 직원들의 업무에 대한 만족도가 매우 높다.

치과 원장은 직원과 소통하는 리더가 되어야한다. 구시대적인 지시와 훈계로는 직원들의 사기를 꺾어버릴 뿐이다. 이제는 수평적으로 소통하고 어울리면서 직원들의 잠재력을 높이 끌어올려야한다.

『성공하는 사람들의 7가지 습관』의 저자 스티븐 코비는 신뢰를 구축하기 위해 리더가 해야 할 일 7가지를 이렇게 말하고 있다. 아래에서 보듯이 신뢰받는 리더는 소통 지향적이어야 하며, 솔선수범해야 한다.

1. 솔직하게 말하라.
2. 상대방을 존중하라.
3. 투명하게 행동하라.
4. 잘못을 즉시 시정하라.
5. 먼저 경청하고 약속을 지켜라.
6. 투명하고 책임 있게 행동하라.
7. 성과를 내라.

직원회의, 어떻게 하느냐가 중요하다

"저는 마지막 주 토요일이 기다려져요."

"이번 토요일에 집에서 쉬는 것보다 치과에 나오는 게 더 좋습니다."

주5일 근무로 대부분 직장인은 토요일에 쉰다. 그런데 치과는 토요일에도 진료를 보기에 직원들이 출근을 한다. 다른 직장인이 집에서 쉴 때 치과 직원들이 출근을 하려면 기분이 좋을 리 없다.

내가 관리하는 J 치과는 예외다. 직원들이 매달 마지막 토요일 출근을 반긴다. 그 이유는 직원들의 회의 시간 때문이다. 매주 토요일 1시30분에서 2시30분까지 원장님을 포함해 전 직원이 회의에 참석한다. 사실, 직원회의는 대다수 치과에서 하고 있다. 병원의 발전을 위해 의견을 수렴하고 직원들의 단합과 성장을 도모하는 차원에서 진행되고 있다.

J 치과에서도 이런 취지로 매주 토요일에 직원회의를 하고

있다. 그런데 매달 마지막 주 토요일이 특별하다. 이때는 직원들이 동아리 활동을 한다. 봉사 동아리, 교육 동아리, 오락 동아리가 있는데 직원들이 부서별로 모인다. 봉사 동아리는 봉사활동과 게시판 활용을, 교육 동아리는 직원 교육을, 오락 동아리는 회식과 이벤트를 담당하고 있다. 각 동아리에 모인 직원들이 자발적으로 자기 의사를 피력한다.

봉사 동아리의 경우, 직원이 이렇게 말한다.

"봉사를 매달마다 즉흥적으로 하는 것보다 연간 계획을 세워서 하는 게 좋을 것 같아요. 그리고 우리 병원을 찾아주시는 환자 고객들을 위해 게시판에 감사를 잘 표시 해줘야한다고 봅니다."

교육 동아리의 경우, 직원이 이렇게 말한다.

"환자분들의 치아 관리에 더욱 신경 쓸 수 있도록 매뉴얼을 제작하면 어떨까요? 우리 동아리 장을 맡은 원장님이 이에 대해 잘 아시니까 맡아주시면 어떨까요?"

오락 동아리의 경우, 직원이 이렇게 말한다.

"회식 장소를 직원들의 의견을 수렴해서 정해보죠. 그리고 직원들의 스트레스를 풀어주는 방안으로 병원 내부의 보물찾기를 하거나 마니또 선물을 주는 걸 추진하면 좋겠어요."

이런 식으로 동아리 별로 와자지껄하게 회의가 진행된다. 이것을 지켜보고 있으면, 동호회 모임에 온 듯한 착각이 들 정도다. 직원들이 이렇게 신이 나서 의견을 발표하는 모습을 본 적이 없기 때문이다. 직원들에게 매달 마지막 주 토요일 직원 회의는 자기가 좋아서 하는 취미활동이나 마찬가지다. 그래서 직원들로부터 호응도가 매우 높다.

이에 부응해 치과에서는 동아리 지원비를 한 달에 한번 지급한다. 한 달에 한번 직원들이 회의를 하면서 커피를 마실 수 있는데 원카(원장님카드)를 사용할 수 있다. 이렇게 동아리 회의를 통해서 병원의 발전을 도모하고 있는 직원들에게 한 달에 한번 커피를 사주는 원장님들은 그 돈이 아깝지 않다고 여긴다.

이런 즐거움이 있는 직원회의에서는 직원들의 자율성이 마음껏 발휘가 된다. 이런 기회를 주기적으로 만들어 줌으로써 직원들의 치과에 대한 소속감과 책임감이 증진된다. 특히나 직원회의를 통해, 부서 간에 생길 수 있는 마찰과 오해를 방지할 수 있다. 데스크 직원와 진료실 직원 사이에는 업무가 다르다 보니 보이지 않는 벽이 있기 때문에 서로를 이해하기가 쉽지 않다. 그러다보니 상대가 자기보다 열심히 일을 하지 않는다는 편견을 가지기 쉽다. 이는 직원회의를 통해 불식 시킬 수 있다. 부서 간 자유로운 대화를 통해 서로 주파수를 잘 맞출 수 있다.

직원회의는 효용성을 높이는 것이 중요하다. 자칫 시간 낭비가 될수 있고, 매너리즘에 빠질 수 있기 때문이다. 이를 방지하기 위해서는 직원회의 시간에 일주일 동안 치과에서 근무하면서 생긴 회의 주제 안건을 한 가지를 적어서 오게 하는 게 좋다. 이렇게 하면 다양한 안건들이 쏟아져 나온다. 예를 들면 이렇다.

- 환자의 대기 시간이 많은데 어떻게 해결할 수 있을까요?
- 임프를 뜰 때 임프레션 리버의 믹스가 잘 되지 않는데 교체하는 게 어떨까요?
- 차팅 작성할 때 조금 정확하게 적어주세요.
- 글러브를 낭비하지 않으면 좋겠어요.
- 적출물 통에서 드릴이 나왔는데 조심히 버려야합니다.

이는 하나하나가 직원들의 소중한 의견이며, 이를 통해 치과는 더욱더 성장할 수있다. 직원회의, 하느냐 마느냐가 문제가 아니다. 어떻게 하느냐가 중요하다. 동아리 회의 시간을 안배하고, 또 회의 때 안건 하나를 적어서 오게 하도록 하자. 그러면 직원의 자율성이 발휘되어 활기차고 즐거운 직원회의가 된다.

실장과 팀장을 파트너로 만들라

세계적인 인쇄 편의점 킨코스(Kinko's) 창업자 폴 오팔라는 어린 시절에 난독증과 과잉행동장애를 앓았다. 그는 성인이 되어 대학교 근처에서 복사기 가게를 냈다. 이 가게는 지역의 구멍가게에 불과했다. 하지만 이로부터 시작한 킨코스는 훗날 전세계 800개 지점과 2만여 명의 직원을 거느린 글로벌 기업이 되었다. 이 기업은 골목의 구멍가게가 세계적인 기업으로 된 희귀한 사례로 널리 알려졌다.

창업자 폴 오팔라는 성인이 된 후에도 난독증이 이어졌고, 또 사무실에 가만히 앉아있질 못했다. 이는 비즈니스맨에게 치명적인 약점이 아닐 수 없다. 이런 장애를 앓고 있는 사람이 어떻게 글로벌 기업을 일구어 낼 수 있었을까?

그는 자신이 직접 모든 일을 챙기고 지휘하는 일을 하지 않았다. 그가 그런 일을 잘 할 수가 없기 때문이기도 했다. 그 대신 그는 든든한 '파트너'를 양성했다. 그 파트너들이 주인의식을 갖고 일을 하도록 독려했다.

이렇게 해서 킨코스에는 파트너가 무려 127명이나 되었다. 이 파트너들이 오너처럼 생각하고 책임감을 갖고 발로 뛰었기에 킨코스가 세계적인 기업으로 거듭날 수 있었다. 현재, 이 기업은 페덱스에 매각 되어 페덱스킨코스로 이어지고 있다.

폴 오팔라는 『백만장자 파트너십』에서 올 A 타입의 사람일수록 혼자 해치우길 좋아하고 그래서 늘 바쁘다고 한다. 그 결과 좋은 경영 성과를 내기 힘들다고 하면서, 그는 파트너에게 위임하는 것을 강조했다.

> "위임의 기술은 사업가에게 꼭 필요하다. 이것이 없으면
> 당신은 너무 바쁘다. 그럴 경우, 회사가 앞으로 나갈 방향
> 과 방법에 대해 창조적으로 생각 할 수 없다."

요즘 삼성에서 수직적인 직급체계를 수평적인 직급체계로 개편하고 있다. 과거에는 상사를 호칭할 때 직급에다 '님'자를 붙여서 불렀다면, 지금은 전 직원이 동일하게 이름에 '님'자를 붙여서 호칭하고 있다. 이는 외국 기업에서 모티브를 얻은 것으로 이를 통해 수평적인 기업문화를 조성하여 생산성을 높이려는 노력이 엿보인다.

이는 한정적이라고 본다. 단순히 호칭을 바꾼다고 큰 변화

가 생기지 않는다고 생각한다. 개인적으로 볼 때, 직원의 생산성을 증진하기 위해서는 권한을 위임하는 '파트너십'을 갖는 게 필요하다고 본다.

앞서 언급한 폴 오팔라의 킨코스처럼 말이다. 직원은 직원으로 근무하는 게 아니라 함께 기업을 운영하는 파트너라는 생각을 가져야한다. 이와 함께 파트너는 고정된 월급을 받는 것에 그치는 게 아니라 성과를 낸 만큼 많은 인센티브를 받아야 한다. 이러한 파트너십이야말로 한 조직원의 잠재력을 극대화시킬 수 있다.

우리의 치과 현실은 어떨까? 안타깝게도 그렇지 못하다. 상당수 치과 원장은 기업 오너처럼 모든 일을 군두지휘하고, 실장과 팀장이 그에 순종하듯이 따르게 하고 있다. 이와 함께 치과 수익 대부분을 원장이 독차지한다. 그 결과, 치과의 직급 구조에서 허리 역할을 하는 실장과 팀장이 잠재력을 발휘하지 못한다. 쓸데없이 일을 만들었다가 실패할까 두려워 새로운 시도를 하지 않는다. 그래서 시키는 일만 하는 데 급급하다. 그러다가 따박 따박 정해진 월급을 받는 것으로 만족한다. '허리'를 맡은 실장과 팀장이 이렇게 되면 그 밑의 직원은 보나마나다. 수동적으로 눈치를 보면서 일을 한다. 과연 이렇게 해서 치과의 생산성이 올라 갈 수 있을까?

치과는 실장과 팀장을 파트너로 만들어야한다. 치과 실장과 팀장을 파트너로 만들기 위해선 어떻게 해야 할까? 우선, 정기적으로 회의를 해야 한다. 보통은 일주일에 1회 정도로 정하고 실장 및 팀장의 보고를 받거나, 목표로 진행하고자 하는 내용에 대한 의견을 나누는 것이 좋다. 다음, 원장이 독려해야한다. 원장이 실장과 팀장을 함께 하고자 하는 마음을 가진 상태에서 지속적으로 실장과 팀장이 업무를 잘 할 수 있도록 독려해줘야한다. 마지막, 업무 권한을 위임해야한다. 실장에게 지출관리와 재고관리, 인사관리를 맡기고, 팀장에게 직원관리, 진료동선관리, 재료 관리를 책임지게 하자.

원장은 진료에만 신경쓰자. 이때 파트너십이 효력을 발휘하려면 인센티브는 당연하다. 이렇게 하면 치과의 허리를 맡은 실장과 팀장이 잠재력을 높이 끌어올린다.

치과 경영이 부실한 이유는 실장, 팀장, 직원의 탓이 아니다. 그들의 주인의식을 갖고 마음껏 잠재력을 발휘하도록 기회의 장을 만들지 않는 원장 탓이다. 원장은 실장, 팀장을 함께 치과를 경영하는 파트너로 만들라. 그러면 전 직원이 최대치로 능력을 발휘함으로써 치과 경영 실적이 크게 개선될 것이다.

지출을 줄여야
수익이 올라간다

재고 관리가 경영비용을 줄인다

 "환자 수가 줄어든다면 재료 구입비도 줄어들어야하는 게 맞지 않나요?"

"그러게 말입니다. 매출이 떨어지는데 왜 재료 구입비가 줄지 않는지 이해가 되지 않네요."

"혹시, 재고 창고가 있나요? 있다면 그곳에 몇 번이나 들어가 보셨습니까?"

"거기는 개원할 때하고 대청소할 때 딱 두 번 들어가 봤습니다."

환자 수 급감으로 인해 고민이 많은 개원 6년 차 Y 치과 원장과의 대화다. 그 원장은 강북의 한 번화가 사거리에 치과를 처음 개원할 때만해도 자신만만했다. 하지만 얼마 지나지 않아 실의에 빠지고 말았다. 주위에 치과가 새로 세 곳이나 생겼는데다가, 사거리에 있던 대기업 사무실 몇 개가 다른 곳으로 이사를 갔기 때문이다.

그 원장은 심각하게 생존의 위기를 겪었고, 내게 상담을 의뢰했다. 그 치과를 모니터링를 해본 결과, 크게 매출이 나아질 가능성이 희박했다. 대신 각종 지출을 줄이는 방식의 허리띠 졸라매기 경영이 시급했다. 이렇게 해서 적은 매출에 맞게 최소화된 지출을 통해 치과의 수익을 확보하는 게 바람직했다.

그런데 그 치과 원장은 신규 환자를 유입하는 데만 정신이 팔려있었다. 그렇게 해야 사무실 관리비, 재료비, 직원 월급을 주고 나서 얼마 남지 않은 돈이라도 자신이 가져갈 수 있다고 보았다. 그러면서 줄줄 새는 재료비를 관리하는 데에서는 무신경했다.

이는 경영 판단 미스다.

치과에는 엄연히 기업 경영 논리가 작동한다. 원장은 경영자처럼 수입과 지출을 잘 관리해야한다. 이때, 중요한 게 들어오는 돈 못지않게 나가는 돈을 잘 통제하는 일이다. 특히 치과에서는 매달 고정적으로 지출되는 재료비가 만만치 않다. 따라서 각종 재료의 재고 관리를 철저하게 함으로써 나가는 돈을 줄일 수 있다.

수많은 치과를 진단해보면, 매출이 저조한 치과 중에 재고 관리가 전혀 안된 경우가 많다. 일반적으로 원장은 진료를 하느라 늘 바쁠 뿐만 아니라 재고관리를 하느라 물품과 장부를 비교하고 체크하는 일에 관심이 없다. 게다가 재고 관리를 전

우리 동네 1등 치과 만들기

담하는 직원을 두지 않는다. 이렇게 되다보니 경영의 관점에서 보면 재고관리 점수가 빵점인 경우가 적지 않다.

경영학에서는 재고 수준이 극단적일 때 재고관리의 중요성이 대두된다고 한다. 재고가 지나치게 많으면 현금이 묶이고 원가 상승을 유발한다. 이는 치과 경영에 치명적인 장애요소로 작용한다. 이와 달리 재고가 너무 적으면 경영 활동을 제대로 할 수 없다. 치과의 경우 재료가 없어서 제때 환자 진료를 보지 못하는 일이 생긴다. 따라서 원장은 병원 경영자의 마인드를 갖고, 재고 관리에 보다 신경을 써야한다.

치과에서 다년간 근무한 나는 재료가 없어서 당혹스러운 일을 많이 겪었다. 한번은 임플란트 수술을 끝내고 봉합(Suture)을 할 때다. 원장님은 임플란트 후 꼭 나일론을 사용했는데 막상 재료를 찾아보니 나일론이 없어서 소동이 난 적이 있다. 또 한번은 보철을 붙여야할 때인데 자주 쓰는 세멘이 없어서 보철물을 붙이지 못하는 일이 생겼다.

이는 재고 관리가 전혀 되어 있지 않아서 생긴 결과다. 재료는 자주 사용하기 때문에 수시로 사용량을 체크하는 것이 좋다. 재료를 마지막에 사용한 사람이 누군지, 어떻게 보고되고 있는지 파악하는 것이 필요하다. 또한 얼마에 한번 주문을 해야 하는지, 재료는 얼마나 사용을 하는지 등등 파악을 하기 위해 재료 파악은 꼭 필요하다.

당신이 원장이라면 지금 병원에 재고가 나가고 들어오는 것을 정확히 파악하고 있는가? 재고 관리를 직원에게 맡기고 정기적으로 체크를 하고 있는가? 재고관리를 지나치게 어려운 일로 생각하지 말자. 치과의 경영비용을 줄이기 위해 재고관리를 지금 당장 시작해야한다.

우선 재료 장을 만드는 것에서부터 재고 관리를 시작하자. 일반재료, 소독재료, 비품재료 이렇게 구분하여 만들자. 그 다음 재료 개수를 파악하되, 재고는 박스 단위로 파악하자. 이때 재료 입출고 리스트를 작성하는 게 좋다. 그리고 오래 사용해야할 재고장과 자주 사용해야할 재료장을 따로 배치하자. 이와 함께 담당자 외 직원이 사용할 재료장을 따로 배치해 두자. 이렇게 해두면 두 가지를 관리할 수 있다.

1. 재고 파악을 통해 재료 확인
2. 한 달 재료비를 관리하여 지출 삭감

체계적으로 결재문서 관리하기

"불황기에는 무엇보다 꼼꼼히 지출을 관리하는 게 중요해요. 사소하게 빠져나가는 지출이 쌓이면 막대한 비용이 됩니다. 이 비용을 없애는 것만으로도 치과의 순수익을 높이데 큰 도움이 됩니다."

치과 직원 대상으로 교육을 진행할 때 한 말이다. 치과는 의료 서비스 제공에 모든 역량이 집중된 곳이다. 원장과 전 직원이 환자를 응대하고 진료를 하는 데 최선을 다하는데도 늘 부족함을 호소한다.

상황이 이렇다 보니, 지출을 체크하기 위한 결재 문서 관리에 체계성을 갖지 못하는 게 현실이다. 필요한 물품을 구입할 일이 생길 때마다 시도 때도 없이 결재 문서를 작성하거나, 또 결제 권한자인 원장을 무시하고 지출을 하는 일이 생긴다. 이렇게 하다보면 과도한 지출과 함께 중복 지출이 늘어나게 되며, 지출에 대한 책임을 질 사람도 알 수 없다.

체계적으로 결재 문서를 관리하기 위해서는 세 가지를 지켜야한다.

먼저, 각자의 담당자를 정해야한다.
이는 병원 결재 관리에 빈틈이 없게 할 수 있기 때문에 필수 요건이다. 재료의 지출 내역서 작성, 거래 명세표 확인, 세금계산서 확인을 할 때 담당자가 정해지면 책임감을 갖고 지출 관리를 한다. 각 담당자와 세부적인 역할은 다음과 같다.

데스크 및 물품 관리 담당자
송금내역서 관리

비품 관리

일계표 지출 관리

비품비용 결재 시 지출결의서 작성

결재 날짜는 15일, 30일

기공물 관리 담당자
기공물 오가는 것 확인

기공물 제작기간 확인

총 기공물 건수 및 종류 파악 (월별)

골드 사용량 체크: 잔량 체크 및 구매

월 기공료 비용처리 오류 확인

리페어, 리메이크 사유 확인

기공물품 및 골드 결재 시 지출결의서 작성

결재 날짜는 15일, 30일

임플란트 관리 담당자

임플란트 전체 사이즈 확인 및 재고정리

bone, membrane 재고정리

한 달에 2번 재고 파악

거래내역 비용처리 확인 및 오류 확인

거래명세표, 전자장부 확인하기

픽스쳐 및 Bone 비용 결재 시 지출결의서 작성

결재 날짜는 15일, 30일

* 임플란트의 경우 선결재가 이루어져 있어서 비용차감과 재료차감이

잘 되고 있는지 파악하는 것이 중요함.

치과장비 관리 담당자

장비AS 관리 문서 작성

 - 모델명, 넘버링 구분

 - 구매처, 연락처 기입

핸드피스 고유번호 체크하여 분류(체어별로)

기구 관리 및 폐기표

장비관리법 곳곳에 배치하기

장비 주문 및 AS 비용 결재 시 지출결의서 작성

결재 날짜는 15일, 30일

치과 재료 관리 담당자

치과 재료 문서 작성

 – 소독재료

 – 일반 치과재료

 – 자주 쓰는 재료

재료 재고 파악 (한달 2회)

지출결의서 작성 : 실장이 컨펌. 이때 과지출, 중복 지출 확인 후 원

장에게 제출

결재 날짜는 15일, 30일

다음, 서류 검토와 서명은 중간관리자(실장)가 관리한다.

실장이 꼼꼼하게 지출 관리를 하고 있다는 점을 전 직원에게 각인을 시켜야한다. 이렇게 하는 것만으로도 쓸데없이 나가는 지출을 막을 수 있다.

  특히, 송금 내역서와 지출대장은 실장이 관리해야한다. 재료비, 비품 재료비, 고정 지출비 등 결제 내역을 담당자가 작

성 후 실장이 확인 후 원장에게 제출하여 결재를 한다.

병원의 결재 날짜를 만들어 한눈에 보기 편하게 해야 한다. 중구난방으로 결재를 하면 지출관리가 어려워지기 때문에 결재 날짜는 한 달에 한 번 혹은 두 번으로 정한다. 이를 각 담당자들에게 미리 고지한다. 예를 들어 매달 15일, 30일을 지출 결제 날이라고 하면, 미리 각 담당자들이 결재 서류를 작성할 수 있다. 실장이 관리를 하면, 결제된 내역이 한 번에 정리되어 누락을 피할 수 있는 장점이 있다.

또한 선주문 후의 결재 방식을 각자의 업체에 전달해야 하는 것과 함께 지출 결의서를 작성해 보관하며, 총 비용은 15일 혹은 30일에 올린다. 원칙적으로 원장은 정해진 날 외에 결재를 하지 않아야한다. 물론 급한 재료의 경우 담당자의 요청 후 즉시 결재를 할 수 있다.

마지막으로 관리를 하는 담당자는 세금계산서를 잘 챙겨 줘야 한다. 이때, 지출결의서, 거래 명세표를 확인하여 금액과 물건이 맞는지 확인하고, 메일로 온 세금계산서의 비용과 대조해야 한다. 간혹 세금계산서의 누락이 생기는 경우가 많기 때문이다.

월별 관리와 월례회의는 필수적이다

"이번 달에는 5만2천짜리 외제 라이트 바디(Light body)를 4만5천원짜리 국내산으로 바꿨습니다. 국산품이 품질이 좋지 않을 줄 알았는데 전혀 그렇지 않았어요. 외제 이상으로 품질이 좋아서 앞으로 계속 이 제품을 사용할까 합니다."

올해 다온 치과의 7월 월례회의 때, 치과 재료 관리 담당 직원이 한 말이다. 그 직원은 치과 재료를 전담 관리하기 때문에 누구보다 재료비 지출을 줄이는 방안에 대한 아이디어가 많았다. 만약 재료 관리 담당자를 정해두지 않았다면 그런 소중한 의견이 나올 가능성이 희박했다.

회의가 진행될수록 분위기가 후끈 달아올랐다. 다른 직원들도 적극적으로 의견을 내놓기 때문이다. 마치 자신의 가계부를 작성하면서 어느 부문에서 지출을 줄여야겠다는 듯이 치과에 애정을 갖고 말했다.

임플란트 관리 직원은 이렇게 말했다.

"이번 달은 임플란트 재고 관리를 잘 하고 있습니다. 다음 달 주문을 할 필요가 없어요. 그리고 전에 내가 근무하던 치과의 임플란트 공급가보다 우리 치과의 임플란트 공급가가 다소 높은 편인 듯합니다. 내가 아는 회사에 주문을 넣어보려고 합니다."

데스크와 물품관리 직원은 이렇게 말했다.

"원장님의 지출 내역을 사업자로 처리하여 비용을 줄였습니다. 또한 사무용품을 아껴서 사용하고 있고 되도록 다이소에서 사서 지출을 줄였습니다."

전 직원이 각 부분에서 줄줄 새는 지출을 줄이는 방안을 내놓는다. 지출 하나하나는 우습게 보일지 모르지만 여러 개가 모이고 한 달 두 달 쌓이면 엄청난 액수가 된다.

다온 치과에서는 총 여섯 개 관리 부문에 각 담당자를 배치해 두고 있다. 매출 및 고객관리, 데스크와 물품관리, 기공물 관리, 치과 장비 관리, 임플란트 관리, 치과 재료 관리를 각 한 명씩 전담하고 있다. 각 관리 부문에서 지출을 줄일 수 있는 의견이 많이 나온다. 특히, 월례 회의에서는 매번 지출을 줄이기 안건 토의 시간이 있다. 이는 다른 치과에서 월례회의를 할 때 매출을 높이기 위한 방안에 대해 직원들이 토의를 하는 것과 다르다.

이에 대해 지출 관리의 중요성을 강조해온 나는 이렇게 말한다.

 "지출 관리는 결국 매출 증대를 목표로 하는 것입니다. 기업은 각종 지출을 줄이면 원가가 절감되어 매출이 크게 신장되죠. 치과에서도 원장이 진료에만 신경을 쏟고 사소하게 나가는 수많은 지출을 잘 관리하지 못한다면 이는 곧 매출 하락으로 직결합니다. 지출 관리는 결코 돈 몇푼 아끼자는 게 아니에요. 지출을 통제하는 관리만으로 충분히 원하는 만큼 매출을 올릴 수 있어요."

 각 부문에 지출 관리 전담자를 두고 또 월례회의를 통해 지출 관리 안건 회의를 한다면 치과 경영에 큰 도움이 된다. 절대, 환자를 많이 유치하기만 하면 매출이 올라간다는 근거 없는 자신감으로 지출 관리에 소극적으로 대응하지 말아야한다.

 냉정하게 지금 경제 상황을 파악하라. 지금은 호황기인가? 그래서 마케팅만 잘 하면 환자들이 많이 오는 시기인가? 전혀, 그렇지 않다. 지금은 불황기이다. 캄캄한 터널 같은 불황이 끝없이 이어지고 있다. 바로, 이때에 필요한 건 지출을 줄이는 긴축 경영이다. 병원이라고 해서 예외가 되지 않는다. 머뭇거리지 말고 줄일 것은 과감하게 줄여나가야 살아남을 수 있다.

원장은 지출 가계부를 써라

"내 통장에 얼마 있습니까?"

내가 관리하기로 하고 들어간 모 치과 원장의 질문이다. 새로 생긴 지 얼마 되지 않은 그 치과는 고전을 면치 못했다. 체어가 세 개에 직원이 세 명이었는데 매출이 천만원 대에 순수익이 거의 나지 않았다. 내가 그 치과를 살려야하는 임무를 맡았다. 막상, 그 치과를 찾아보니 그럭저럭 적지 않은 환자 수가 내원하고 있었다. 모니터링을 하다가 줄줄 새는 지출이 눈에 들어왔다.

그 치과의 큰 문제점은 지출 관리가 전혀 되지 않는다는 점이었다. 오죽했으면 원장이 자기 통장에 얼마 있는지를 파악조차 하지 못하겠는가? 그 원장은 자기 통장 잔고를 컨설팅하는 내게 물어볼 정도로 자금 관리에 무감각했다. 통상적으로 년 수 억 대의 수입을 올리는 치과 개원의라는 직업을 가졌기 때문에 자기 통장을 세심하게 체크할 필요성을 느끼지 못했을 것이다.

그 결과, 작은 지출들이 모여서 큰 비용이 되고 말았다. 개원의 입장에서 보면 돈이 나갈 곳이 한두 곳이 아니다. 이를 하나하나 잘 체크하고 관리하지 않으면 년 간 엄청난 돈이 빠져나가고 만다. 개원 초기 치과에서 고정적으로 매달 빠져나가는 항목은 이렇다.

- 의료지출 : 인건비, 5대 보험, 치과재료, 치과장비, 기공료
- 운영지출 : 임대관리비, 고객관리비, 복리후생비, 소모품, 수수료

이렇듯 십여 군데에서 야금야금 고정적으로 지출이 생긴다. 이를 잘 관리하지 않으면 수입(비 보험 수입, 보험 수입)의 큰 액수를 빼먹어버린다. 특히나 개원 초기 몇 개월을 잘 버텨내야하는 치과로서는 수많은 지출에 대한 철저한 관리가 참으로 중요하지 않을 수 없다.

원장의 입장에서 크고 작은 지출을 잘 관리할 수 있는 방법이 뭘까? 그것은 바로 가계부다. 가정에 가계부가 있듯이 치과에도 가계부가 있어야한다. 가정주부가 꼼꼼하게 가계부를 씀으로써 쓸데없는 지출을 막는 것처럼 의사가 매월 정기적으로 가계부를 씀으로써 줄줄 새는 지출을 막을 수 있다. 특히, 지

출 항목을 관리하는 의사 가계부가 필요하다.

그런데도 몇몇 치과 원장이 볼멘소리를 한다.

"돈 잘 버는 직업에서 몇 손가락 안에 드는데 가계부까지 쓸 필요가 있을까요? 우리는 그것 말고도 신경 쓸 게 얼마나 많습니까?"

그렇지 않다. 이제 치과 개원의가 망한다는 건 엄연한 현실이다. 그리고 아무리 큰 매출을 올린다고 해도 지출 관리에 무관심해서는 안 된다. 『한국의 100억 부자들』에 따르면 우리나라 신흥 자수성가 100억대 부자들은 가계부를 쓴다. 혼자 힘으로 부자의 반열에 오른 젊은 부자들은 잔돈을 아끼는 푼돈 경제학을 실천에 옮기고 있다. 이 책에 소개된 한 부자는 이렇게 말한다.

"돈이 새는 구멍을 막으려면 자신이 쓰는 돈의 규모부터 확인해야한다. 상당수의 부자가 가계부를 쓰는 이유다. 부자가 쪼잔하게 가계부까지 쓰느냐고 하겠지만 가계부는 돈 씀씀이를 한눈에 볼 수 있는 상황판과 같다. 가계부를 쓰지 않아도 돈 쓴 곳과 금액을 안다는 사람이 있지만 사실은 말처럼 쉽지 않다. 가령 한달 동안 신용카드를 사용했다고 치자. 한 달 후에 신용카드 명세서를 받아 보면 도대체 어디서 쓴 것인지 가물거리는 항목이 있다. 소소하게 쓴 현금은 생각조차 나지 않는다."

치과 원장이 가계부를 쓰는 데 주저해야할까? 치과 의사에게 가계부는 치과의 나침반과 같다. 안정적인 수익이라는 목적지의 방향을 항상 일관되게 가리켜주는 게 바로 가계부다. 당신이 치과 개원을 앞두고 있다고 하자. 그렇다면 가계부를 쓸 것인가? 안 쓸 것인가? 망하지 않고 많은 수익을 내려는 목표를 갖고 있다면 답이 나왔다!

2018-2019년 지출 내역 관리 〈예시〉

구분	내역	10월	11월	12월
매출내역	카드	82,560,000	80,090,000	82,540,000
	현금	15,000,000	18,900,000	15,600,000
	계좌이체			
	현금영수증	5,218,000	9,318,200	12,063,600
	환불내역			
	보험청구 금액	19,500,950	18,546,000	17,383,860
	합계	122,278,950	126,854,200	127,587,460
인건비 및 세금	알바비	270,000	270,000	360,000
	4대보험료	3,165,150	3,366,100	3,256,500
	직원월급	16,000,000	16,500,000	16,500,000
	덴탈마스터	4,500,000	4,500,000	4,500,000
	지방세			
	국세			
	종소세			
	세무기장료	165,000	165,000	165,000
기숙사 및 임대료	기숙사비	550,000	550,000	550,000
	병원월세	4,500,000	4,500,000	4,500,000
이자/할부,재료비	2.5억 이자	783,000	809,000	783,000
	1억이자	331,000	342,000	331,000
	디오3천할부	2,577,850	2,577,850	
	디오7천할부	2,139,060	2,139,060	2,139,060
	오스템할부	4,435,952	4,423,709	4,409,717
	기공료1	1,150,000	1,115,100	1,500,000
	기공료2	4,890,000	5,600,000	4,950,000
	재료비	2,665,400	2,165,000	2,454,200
	골드-합금	687,900		
병원 고정 지출	하나로사용료	27,500	27,500	27,500
	캡스	88,000	88,000	106,700
	전기요금	389,950	405,850	395,420
	병원카드	1,476,340	1,591,250	1,589,200
	정수기	33,000	33,000	33,000
	병원전화	77,910	76,110	79,370
	폐기물	30,000	30,000	30,000
	신문비	15,000	15,000	15,000
	단말기관리비	11,000	11,000	11,000
	내일채움공제		200,000	200,000
기타	기타1	61,200	90,000	
	기타2	401,274	150,000	
	기타3	250,000		
	적금	6,500,000	6,500,000	6,500,000
	합계	58,171,486	58,240,529	55,385,667
	영업이익	64,107,464	68,613,671	72,201,793

지출을 줄여야 수익이 올라간다

세무대비를 위한 노하우 4가지

 "왜 세금이 이렇게 많이 나왔는지 이해가 안 되네요. 내 대학 동기가 운영하는 치과보다 매출액이 반밖에 안되는데 세금이 더나왔다니까요."

서울의 O 치과 원장이 푸념을 했다. 그 원장은 개원 한 지 2년차인데 그럭저럭 소규모 치과를 잘 운영하고 있었다. 그런데 막상 세금 폭탄을 맞고 나자 난감을 표했다. 그 원장의 요청을 받고 해당 치과를 컨설팅을 해보았다. 세무 회계 쪽으로 집중으로 조사해보았다. 머지않아 문제점을 발견했다.

"원장님, 이 치과에서는 비용 처리를 확실히 하지 않고 있네요. 물품, 재료, 비품을 구입했으면 반드시 그 입증 자료를 구비해 놓아야 합니다. 이게 쌓여서 큰 비용이 되는데, 이를 비용으로 잘 정산해야 소득금액이 적게 나오고 결국 소득률(수익률)이 낮아져 세금이 낮게 나옵니다."

원장은 선뜻 이해되지 않는 듯했다. 시간을 들여서 기초적인 세무 지식을 알려드렸다. 개인사업자로서 최소한 알아두어야 할 사항이었다. 그래야 세금을 줄이고 수익을 많이 남길 수 있었다.

치과 개원의들은 입지, 마케팅, 직원 교육 등에 많은 신경을 쓰지만 정작 치과의 세무에 대해서는 소홀히 하는 경향이 있다. 수억 단위의 매출이 생기기에 세금이 얼마나 나오든지 개의치 않는다는 생각을 한다. 이는 오산이다. O 치과처럼 세금 폭탄을 맞아야 그제서야 정신이 번쩍 든다.

O 치과가 매출이 많은 지인의 치과보다 많은 세금을 내야 하는 이유는 비용 처리를 잘 못했기 때문이다. 매출액에서 비용을 뺀 게 소득금액이고 여기에 세율을 곱하면 소득률이 나온다. 지인의 치과는 매출이 많았지만 그만큼 비용이 많았기에 소득 금액이 적게 나왔고 결국 소득율이 낮게 나왔다. 하지만 O 치과는 매출이 지인 치과의 반밖에 안되었지만 비용이 적게 정산되는 바람에 소득율이 지인 치과보다 몇배 높게 나왔다.

따라서 세무에 잘 대비를 하는 게 중요하다. 세무 대비는 정해진 매출액에서 최대한 많은 수익을 가져가는 데 그 목적이 있다. 이를 위해 절세가 필수적이다. 기초적으로 꼭 알아둬야 할 세무 대비 노하우 4가지는 다음과 같다.

1. 분기별 결산으로 수입과 비용을 점검하라

통상적으로 치과 개원의들이 세무신고를 할 때 비로소 부랴부랴 재무와 회계 상태를 체크하기 마련이다. 이렇게 하면 회계와 세무 상의 문제점을 파악해 미리 대처하기 어렵다. 중간에 점검하면 과도하게 책정된 수익과 부족하게 계상된 경비 등의 문제점을 개선함으로써 세금 절세를 꾀할 수 있다.

2. 적절한 수입금액을 세워라

치과의 경우, 국세청에서는 비 보험수입과 보험수입 비율을 전국치과개원의 평균 8:2로 잡고 있다. 또한 국세청에서는 신용카드 수입과 현금 수입 비율을 평균적으로 67: 33으로 잡고 있다. 따라서 치과 개원의는 이 비율에 맞춰 수입을 관리하는 게 좋다.

3. 소득율을 최대한 낮추라

세금과 직결되는 게 치과의 소득율이다. 이를 잘 관리해야 개인사업자에 대한 종합소득세 폭탄을 막을 수 있다. 통상적으로 성실신고 사업자의 평균 신고 소득율이 38.3이므로 이에 잘 대비하는 게 좋다. 참고로 소득율을 알려면 우선 소득 금액을 정산해야한다. 다음과 같다.

매출(진료 수입) **-비용**(인건비, 임차료, 장비와 재료비, 기타) **= 소득금액**

이 소득 금액에 세율을 곱하면 이게 바로 소득율이 된다. 즉, 매출 대비 소득 금액이 어느 정도인지를 나타내는 게 소득율이다. 따라서 매출이 많더라도 비용이 적으면 소득 금액이 크기 때문에 소득율이 높아져 그만큼 세금이 많아진다. 이와 달리 매출이 많으면서 비용도 많으면 소득 금액이 적다. 그래서 소득율이 낮기에 세금이 낮게 잡힌다.

여기서 세금을 줄이는 핵심은 소득 금액을 줄이는 데 있기 때문에 가능한 많은 비용을 정산해야한다. 치과 운영을 하면서 생기는 크고 작은 지출이 많은데 이를 꼼꼼하게 관리하여 지출 정산을 해야한다. 많은 치과에서 지출이 생겼다는데도 불구하고 이를 정산하지 않아서 결과적으로 소득금액이 많은 것으로 집계되는 일이 비일비재하다.

4. 비용 인증을 위한 증빙서류 관리

치과 장비, 치과재료, 비품 등을 구입하여 지출이 생겼다 하더라도 이를 입증한 증빙 서류가 없으면 비용으로 인정되지 않는다. 따라서 지출이 생길 경우 반드시 적격 증빙을 받아야한다. 구체적으로 계산서, 세금계산서, 신용카드매출전표, 현금영수증이 이에 해당한다. 이때 건당 거래 금액이 부가가치세

포함해 3만 원 이하일 때는 간이영수증을 받아도 이를 경비로 인정받을 수 있다.

이렇게 증빙 서류를 잘 챙겨놓으면 나중에 소득세를 절감하는 데 도움이 된다. 통상적으로 소득세와 관련된 증빙 서류는 확정신고 종료일로부터 최소 5년 이상 보관해야한다. 증빙 서류가 분실되거나 파기될 경우 경비를 입증할 수 없기에 그만큼 소득세가 높아질 수밖에 없다.

지출 예산을 반드시 정하라

 똑같이 벌더라도 가계부를 쓰는 분은 시간이 지나면 더 많은 수입을 거둔다. 매달 들어오는 돈이 똑같지만 가계부를 쓰는 분은 무심코 나가는 지출을 줄이기 때문이다. 이와 달리 가계부를 쓰지 않는 분은 지출에 대해 무감각하기에 나가는 대로 마구 낭비한다.

가계부를 쓰는 분은 지출하는 것을 일일이 체크를 하면서 꼭 지출해야하는 것과 그렇지 않은 것을 구분한다. 여기에서 더 나아가서 지출 예산을 세운다. 이렇게 해서 지출을 최소치로 줄임으로써 결과적으로 수입액을 최대치로 늘인다.

이와 같이 치과 개원의는 최대한의 수입을 위해 회계를 꼼꼼하게 작성하여 지출 내역을 체크한 후, 지출 예산을 정하는 게 좋다. 예를 들면 이렇다.

'지난달에는 재료비에 너무 많이 지출을 했어. 체크를 해보니, 꼭 필요하지 않는 재료도 있었고, 재고도 많아. 이번 달에

는 재료비 지출을 최소한도로 책정하자.'

'삼 개월 전부터 차츰 전기요금이 높게 나오는구나. 수입은 그대로인데 말이지. 이번 달부터는 무슨 일이 있어도 전기 요금을 삼 개월 전 수준으로 못 박아야겠어.'

이런 식으로 지출 예산을 책정해놓고, 그만큼만 지출을 한다면 그달 수입이 늘어난다. 지출을 당연히 써야하는 것으로 알고 무방비로 있는 것은 곤란하다. 지출 항목을 세세히 파악하여 필요 없는 것은 없애거나 그 비용을 줄이는 쪽으로 바꾸어야한다. 개원 초기에 수 천만 원대 수입이 들어온 것에 도취된 나머지 크고 작은 지출을 도외시하지 말아야한다.

갑자기 매출을 높여서 수입을 늘이는 것은 쉬운 일이 아니다. 하지만 매출이 고정되어도 지출만 줄여서 충분히 수입을 늘일 수 있다는 점을 잊지 말자. 그러기 위해서는 무엇보다 지출 예산을 정하고 계획성 있게 지출을 해야 한다. 따라서 다음 세 가지를 반드시 지켜야한다.

우선, 수입을 정확히 파악해야한다.
유감스럽게도 몇몇 치과 개원의는 정확한 수입을 알지 못하는 경우가 있다. 이렇게 되면 지출 예산을 정할 수 없다. 정확한 수입을 알고 나서 그에 맞는 지출 예산을 짤 수 있다. 치과 원장은 한 달에 얼마를 버는지를 정확히 파악하고 있어야한다.

평균적으로 대충 파악하는 게 아니라 매달마다 변동되는 정확한 수치를 알고 있어야한다.

그 다음, 지출 목록을 세세하게 작성해야한다.
사소한 항목이라고 해서 누락하지 말아야하며 정확히 금액을 적어야한다. 이렇게 해서 지출된 항목들을 일목요연하게 정리하는 게 좋다. 작은 지출 항목들이 모여서 큰 비용이 되는 것을 눈으로 확인할 수 있다.

마지막으로 줄일 수 있는 지출 항목을 찾아야한다.
관행적으로 지출하던 태도에서 벗어나서 과감하게 줄일 것은 줄여야한다. 더 줄일 필요가 없다거나, 더 줄이는 것이 불가능하다는 생각에서 탈피해야 한다. 막상 줄이고 나면 당연해지는 경우가 많다. 더 이상 줄일 수 없다는 생각은 착각일 뿐이다.

내가 관리하는 치과들은 모두 지출 예산을 정하고 있다. 처음 지출 예산을 정하려고 할 때만 해도 큰 반응이 없었다. 하지만 다달이 지출을 줄임으로써 년 간 수 천 만원대 수입을 늘이자 태도가 백팔십도 달라졌다. 이제는 원장이 적극적으로 나서서 지출 예산 짜기에 앞장선다. 수입을 늘이는 쏠쏠한 재미를 느끼면서 말이다.

목표를 정하지 않고 어떤 일에 임하는 것과 목표를 정하고 어떤 일에 임하는 것의 차이는 매우 크다. 목표가 없으면 우유부단하게 살아간다. 목표가 있으면 더 철저하게 자기 관리를 한다. 치과에서 정하는 지출 예산이라는 목표도 이와 같다. 그것이 없으면 되는대로 지출이 생긴다. 하지만 그것을 정해놓으면 원장과 전 직원이 일산분란하게 움직여서 지출을 줄여낸다.

착한 마케팅으로
치과를 알려라

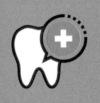

마케팅 전에 직원부터 만족시켜라

"년간 수 억원을 마케팅비로 투자해도 매출이 늘지 않네요. 광고, 홍보를 할 때만 반짝 내원 환자가 늘다가 금방 원래대로 돌아가는 거예요. 미쳐버릴 것 같습니다."

강남의 노른자위 땅에 새로 치과를 연 원장의 말이다. 그 원장이 운영하는 치과 근처에는 십여 개 넘는 치과들이 모여 있었다. 심지어 그 치과가 들어선 빌딩에도 한 치과가 운영되고 있었다.

강남에는 그 화려한 번화가 이미지와 달리 치과의 치열한 생존 경쟁이 벌어지고 있다. 한 달에만 해도 여러 곳이 폐점을 할 정도로 심각하게 경쟁이 이어지고 있다. 이곳에서 새로 치과를 개원해 살아남기는 결코 쉽지 않다.

그 치과 원장은 명문대 출신에다가 강남 출신이었다. 그는 강남에서 승부수를 띄우는데 조금도 주저함이 없었다. 어느 치과나 진료 실력이 대동소이하기에 막대한 비용으로 마케팅을 하면 틀림없이 치과가 잘 되리라 생각했다. 그는 개원을 하자마자 대대적인 마케팅을 펼쳤다.

잡지, 신문, 전단지 등의 오프라인 마케팅, 인터넷 바이럴 마케팅 등 할 수 있는 것은 가리지 않고 모두 해보았다. 마케팅 기획사에서는 하나같이 이렇게 말했다.

"마케팅에 투자 하면 금방 매출이 급상승할 것입니다. 병원이 환자를 확보하는 유일한 방법이 마케팅뿐입니다. 우리를 믿으세요."

그런데 반짝할 뿐 고정적인 환자 유치가 되지 않았다. 결국, 밑 빠진 독처럼 아무리 마케팅비를 쏟아 부어도 다 바닥으로 흘러나가버렸다. 상황이 이렇게 되자, 그는 마케팅이 모든 걸 해결해줄 수 있다는 생각에 회의를 느꼈다. 그러곤 지인 치과 원장의 소개를 받고 나에게 컨설팅을 의뢰했다.

연락을 받고 그 치과를 방문했다. 모니터링을 하는 매순간 한숨이 터져 나왔다. 도대체가 내부 직원 관리와 소통이 전혀 잘 되지 않았다. 원장에게 이런 조언을 해주었다.

"원장님은 외부 마케팅(External Marketing)에 올인하면서 정작 내부의 직원 관리에는 소홀하셨어요. 환자들이 내원하면 직원들이 잘 응대해야 충성환자로 이어지겠죠. 아무리 홍보를 접한 초진 환자들이 많이 내원해도 직원들이 잘 응대하지 못하면 다시는 재방문을 하지 않습니다. 이제는 홍보를 위한 외부 마케팅보다는 직원을 위한 내부 마케팅(Internal Marketing)에 주력하셔야합니다. 내부 마케팅이 잘 뒷받침되어야 외부 마케팅이 효력을 발휘하기 때문입니다."

이미 치과 관계자들에게 '내부 마케팅'이라는 용어가 친숙하다. 실제로는 그 용어를 잘못 사용하는 경우가 많다. 몇몇의 경우, 환자가 내원한 후 접하는 게시판, 홍보물과 친절한 환자 응대를 내부 마케팅이라고 말한다. 이는 잘못이다. 본래 '내부 마케팅'의 사전적 의미는 이렇다.

> '종업원을 고객으로 생각하고 이들 기업구성원과 기업 간의 적절한 마케팅 의사전달체계를 유지함으로써 외부 고객들에게 보다 양질의 서비스를 제공하려는 기업 활동'

이렇듯 내부 마케팅은 내부의 직원을 고객으로 보고 만족 서비스를 제공하려는 활동을 뜻한다. 외부 마케팅이 고객 환자들에게 최상의 만족을 목표로 하듯이, 내부 마케팅은 직원에게 그렇게 하는 것이다.

왜 이런 내부 마케팅이 대두 되었을까? 한마디로 직원들이 만족해야 고객에게 만족 서비스를 줄수 있기 때문이다. 직원들이 만족하지 않는다면 아무리 많은 고객을 데리고 와도 결코 좋은 고객 만족 서비스를 제공할 수 없다. 이는 치과에 그

대로 적용이 된다.

인터넷 검색을 해보면, 수많은 병원 및 치과 마케팅 회사가 나온다. 새로 개원한 치과에는 어떻게 알았는지 여러 병원 마케팅회사에서 연락이 온다. 이제 막 개원한 치과, 매출이 저조한 치과는 그 마케팅 회사에 현혹이 되기 쉽다. 그런데 그 외부 마케팅이 제대로 효력을 내기 위해서는 미리 내부 직원 관리를 잘 해야한다. 바로, 고객을 대하는 마음으로 직원들과 소통하고 직원들의 근무 만족도를 높이는 일이다.

외부 마케팅에 날개를 달아주려면 직원을 만족시켜야한다.

원장은 걸어 다니는 간판이 되라

동네 치과 실장으로 근무할 때다. 인근 동네에 소문난 치과가 있었다. 그 치과는 동네 사거리에 있었는데 외관상 무척이나 평범했다. 조금만 걸어서 나가면 시내의 대형 치과들이 즐비했지만 동네 주민들이 그 치과만을 찾았다. 그 치과는 특별히 요란한 홍보를 하지 않았고, 비용이 저렴한 것도 아닌데도 항상 환자들로 북적였다.

그 이유가 궁금한 나는 한 명의 환자로 그 치과를 내원했다. 이후 치료를 받으러 일주일 동안 그 치과를 찾았다. 치과 직원들이 친절하게 환자를 응대하고 있다는 점이 눈에 들어 왔지만 특별해 보이지 않았다. 그런 정도는 내가 근무하는 치과에서도 하고 있었기 때문이다. 대체, 어떤 이유 때문에 동네 주민으로부터 그 치과가 인기가 높은 것인지 알수 없었다.

그러다 그 치과를 세 번째 찾을 때에 그 궁금증이 풀렸다. 그것도 치과 내부가 아닌 치과 외부에서다. 점심시간이 끝나갈 때쯤 그 치과 앞에 도착했다. 건물 앞에 나와 있는 그 치과 원장이 보였다. 그는 동네 어르신과 대화를 나누고 있었다. 그러곤 그의 상의 주머니에서 명함을 꺼내 건네주었다. 보통 치과 원장은 시간이 급하다고 얼른 치과로 들어가는 경우가 많다. 그런데 그 원장은 여유롭게 어르신과 대화를 나누었다. 그러곤 치과 명함을 건네주는 것을 잊지 않았다.

그 모습을 보면서, 생각했다.

'이 치과 원장님은 평소 동네 주민들과 소통을 잘하고 있구나. 그러면서 자연스레 명함을 건네면서 홍보를 하고 있구나.'

이후로 그 치과 원장을 관심있게 모니터링을 해보았다. 역시나 그 치과 원장은 출근 시간, 점심시간에 동네 주민과 소통을 하는데 많은 시간을 할애했다. 동네 주민에게 인사하면서 이렇게 말했다.

"오늘도 홧팅 하세요."

"어르신, 건강이 많이 좋아지신 것 같습니다."

이와 함께 근무하지 않는 날에는 동네 경로당을 찾아 무료 진료를 해주었고 또 주민의 동호회 활동을 여러 개 했다. 이렇게 동네 주민과 격의 없이 소통하다보니, 그 치과 원장은 자연스레 동네 주민이 되다시피 했다.

그 결과 동네 주민은 동네 주민이나 다름없는 그 치과 원장의 치과를 당연히 찾아야하는 것으로 생각했다. 아무리 동네 인근에 유명한 대형 할인 마트가 생겨도, 동네 사람들은 동네 사람의 골목 구멍가게를 찾는다. 같은 동네 사람으로서의 유대감 때문이다. 이렇듯 그 치과도 동네 사람의 치과가 되었기에 사람들이 많이 찾았다.

치과 원장은 진료를 보느라 항상 시간에 쫓긴다. 여기다가 치과 내부 관리를 하느라 늘 스트레스를 달고 산다. 따라서 치과 원장이 지역 주민과 소통하는데 많은 시간을 내기가 쉽지 않다. 하지만 그 치과 원장은 스스럼없이 동네 주민과 많은 시간을 함께 하면서 소통을 했다. 이 과정에서 처음 접한 동네 분에게는 명함을 건넸다.

치과 원장이 세일즈맨도 아닌데, 동네 사람들에게 꼬박꼬박 인사하고 함께 어울리는 일까지 해야 하느냐고 반문할 분이 있을 것이다. 그러면서 의사로서 진료에만 전념하고 싶다고 하는 분이 있을 것이다. 그 분은 뭘 몰라도 대단히 모르는 사람이다.

2017년 기준 13개 시·도에서 치과 개원 대비 폐업 률이 50% 이상이다. 대표적으로 대전의 폐업률이 81%, 서울의 폐업률이 73%, 경북의 폐업률이 69%, 충북의 폐업률이 68%, 전북의 폐업률이 61%에 달한다. 상황이 매우 심각하다. 이러한 폐업 사태는 치과 의사의 밀도가 OECD 평균 증가 속도보다 5.09배 빠르기 때문이다. 경쟁의 심화로 인한 폐업률이 계속 증가할 수밖에 없다.

따라서 원장이 직접 동네주민에게 자신을 알리는 일을 주저하면 안 된다. 이는 선택 사항이 아니라 필수 사항이다. 동네 주민을 고객의 관점으로만 바라보지 않고, 함께 소통하고 어울리는 이웃으로 봐야한다. 이렇게 해서 동네 주민에게 다양한 장소에서, 많은 시간을 통해 치과 원장이 노출이 된다면 강력한 홍보 효과를 낸다. 이제 치과 원장은 걸어 다니는 치과 간판이 되어야한다.

충성고객이 입소문 내게 하라

"대다수의 기업들이 만족하는 고객층을 확보해 자사의 제품과 서비스를 계속 이용하도록 만드느라 애를 쓴다. 새로운 고객을 물색하는 것보다 기존 고객에게 판매하는 것이 한층 수월하기 때문이다. 따라서 자사의 제품을 계속 구매하는 충성고객들을 확보해야할 뿐만 아니라. 이들이 기업과 제품에 대해 입소문을 내고 다니도록 만들어야한다. 이러한 충성고객들을 '고객 옹호자(customer advocates)' 혹은 '입소문 전도사(customer evangelists)'라고 한다. 이들이 기업의 성공을 좌우한다."

'마케팅의 아버지'라 불리는 세계적인 마케팅의 거장 필립 코틀러의 말이다. 그에 따르면 기업이 성공하기 위해서는 충성고객을 확보하여 이들이 입소문을 내야한다고 말한다. 이는 치과 경영에 그대로 적용이 된다. 실제로 수많은 치과들이 충성고객 확보에 혈안이 되어 있고, 이들의 자발적인 입소문을 눈이 빠지게 기다리고 있다.

왜, 충성고객이 중요할까? 고객 수만 많으면 좋은 게 아닌가 하는 의문을 갖는 분이 있을 것이다. 일일 진료 기준으로 두 치과의 예를 들어보자.

A 치과) 일인당 5만원(정상가) 진료비×환자 100명
: 총수입 500만원

B 치과) 일인당 2만5천원(50% 할인가) 진료비×환자 200명
: 총수입 500만원

A 치과와 B 치과는 총 수입이 같다. 그런데 환자 수가 B치과가 두 배 많다. 이런 외형적인 측면만 본다면 B치과가 더 규모가 크고 경영을 잘하는 듯하다. 이건 오해다. B치과 원장은 두 배나 많은 환자를 치료하느라 양질의 진료를 하기 힘들며, 많은 환자를 응대하느라 직원을 더 충원해야하고 또 각종 비용 지출을 늘여야한다. 결국 순이익 면에서 A치과보다 더 좋지 못하다.

따라서 정상가 진료비를 내는 고객을 확보하는 게 더 수익이 높다. 기꺼이 정해진 치과에서 제값을 내고, 양질의 진료를 받으려는 이 고객이 바로 충성고객이다. 이 충성고객을 확보하는 게 치과 입장에서는 훨씬 수익에 도움이 된다. 이 충성고객에게 양질의 진료 서비스를 제공하여 잘 관리한다면 수익 구조에 변화가 생기지 않는다.

이는 파레토의 법칙에 비춰보더라도 의미가 있다. 파레토의 법칙은 사회 현상의 80%는 20%로 인해 생긴다는 경험 법칙이다. 이에 따라 충성 고객 20%가 나머지 80% 고객의 매출을 좌지우지한다. 양적으로 많은 환자 유치보다는 질적으로 충성도 높은 고객 유치가 중요하다.

더욱이 충성고객은 입소문에 적극적이다. 이러한 입소문은 전혀 비용이 들지 않을뿐더러 막대한 비용을 들여서 진행하는 홍보에 비해 그 효과가 매우 높다. 충성고객이 지인에 소개를 하거나 추천을 하는 건 어떤 대가를 바라기 때문이 아니다. 다만 자기가 좋아하는 상품에 대한 애정 때문에 소개하는 것이다. 마치, 한 직장인 여성이 아끼는 여자 후배를 직장 동료 남성에게 소개해주는 것과 같다. 그 둘이 잘되길 바라는 순수한 마음에서 아무런 대가 없이 소개를 해준다. 충성고객의 입소문이 이러하다.

따라서 치과에서는 충성고객 환자를 확보하고 이들의 입소문을 잘 살려나가야 한다. 그러면 어떻게 충성고객 환자를 확보할 수 있을까? 어떻게 충성 환자들이 치과 브랜드를 좋아하고, 기회가 되면 지인에게 추천하고 싶은 마음이 들게 할 수 있을까?

이는 일등 기업 경영 마케팅 전략을 소개한 『필립 코틀러의 카오틱스』에 소개된 '고객의 충성도를 높이는 6가지 원칙'을 참고하여 치과에 맞게 활용하자.

1. 언제나 회사와 이해관계자들 모두 이익을 얻는 일을 하라.
2. 장기적으로 관계를 맺을 직원들과 고객들을 선별하고, 그들과의 협력 체계를 강화하라.
3. 고객에게 충성하는 것을 원칙으로 삼고, 그 대가로 고객의 충성을 얻어내라.
4. 정당한 결과에 보상하라.
5. 듣고, 이해하고, 실행하고, 설명하라(의사소통은 대화이지 독백이 아니다).
6. 어떻게 기억되고 싶은지 생각하면서 오늘 말하고 할 일을 목표로 정한 다음, 말과 행동으로 전파해 목표를 뒷받침하라.

치과의 경쟁은 곧 마케팅의 전쟁이다. 어떻게 마케팅을 하느냐에 따라 치과 존망이 결정이 된다. 하지만 과도한 마케팅으로 인해 출혈 경쟁이 벌어지는 폐해가 생기고 있는 게 현실이다. 마케팅, 그것은 바로 충성 고객을 확보하기만 하면 끝난다. 충성고객만 잘 만들어 놓으면 입소문 마케팅이 저절로 된다.

온라인 마케팅, 블로그로 시작하라

치과를 개원하면서 반드시 간판을 달아야한다. 이처럼 온라인에서도 치과를 알리는 멋진 간판을 만들어야한다. 이 간판 역할을 하는 게 바로 블로그다. 간혹, 오래된 치과의 경우 블로그가 없는 경우가 있다. 하지만 요즘 치과는 거의 모두 블로그를 운영하고 있다.

치과를 찾는 분들은 주로 스마트 폰과 함께 인터넷으로 검색을 한다. 자기가 원하는 진료 항목을 검색하여 그에 맞는 치과를 클릭한다. 그러면 해당 치과의 블로그가 나온다. 환자는 블로그들을 죽 둘러보고 나서 최종적으로 마음을 결정을 한다.

이는 요즘 소비자의 제품 구매 방식이기도 하다. 식당, 피트니스센터, 베이커리, 옷가게 등을 찾는 소비자는 대개 스마트 폰과 인터넷으로 검색을 한 후 그곳을 찾는다. 이때 해당 점포를 클릭할 때 점포를 잘 소개해주는 블로그가 나온다. 소비자는 블로그들을 보고서 한곳을 낙점한다.

점점 소비자는 스마트 폰에 의존함에 따라 모바일 검색 비중이 날로 커지고 있다. 더더욱 블로그를 잘 관리하는 게 중요해지고 있다. 검색해서 들어온 고객이 블로그를 보고 마음에 들지 않는 일이 없도록 만들어야한다. 온라인 상의 블로그 마케팅에 만반의 준비를 해야한다.

블로그 마케팅은 온라인 마케팅의 다양한 방법 중에서 어떤 장점을 가지고 있을까? 모두 네 가지 장점이 있다.

첫 번째, 제작비용이 전혀 들어가지 않는다.
일부 치과에서는 화려한 사이트를 만들기도 하는데 그러면 비용이 많이 들어간다. 이에 비해 블로그는 무료로 누구나 사용할 수 있다.

두 번째, 관리 기술이 어렵지 않다.
한 개인으로서 블로그를 운영해본 경험을 갖고 있는 분이 많다. 자신의 관심사를 여러 네티즌과 소통해온 경험이 있다면 손쉽게 관리할수 있다.

세 번째, 접근성이 좋다.
네이버 블로그의 경우 국내 포털 시장 점유율 1위인 네이버 안에 속해 있다. 때문에 수천 만명을 대상으로 상품을 노출할 수 있으며 또한 검색으로 방문자의 유입이 가능하다.

네 번째, 장기적인 광고 효과가 있다.
블로그에 올린 포스팅은 삭제하기 전까지 계속 남아 있다. 키워드를 잘 만들어 공략한다면 지속적으로 방문자의 유입을 유도할 수 있다.

이런 점으로 해서 기업들이 마케팅 툴로서 블로그에 많은 관심을 보이고 있다. 블로그를 통해 시간 절약, 비용 절약, 고객관계 강화, 검색 엔진 순위 향상을 꾀하고 있다.

치과도 예외가 되지 않는다. 고객을 찾는 치과는 블로그를 마케팅으로 많이 활용하고 있다. 내가 관리하는 치과들도 블로그를 잘 관리하고 있다. 이를 통해 기존 환자들이 치과에 대한 애착과 유대감을 강화하며, 새 환자들에게는 치과에 대한 호감도를 끌어올리고 있다.

블로그로 온라인 마케팅을 하기 위해서 제일 중요한 것은 치과 장점을 내세워야 한다는 점이다. 다른 치과와 차별화된 우리 병원만의 장점을 잘 포장해서 보여줘야 한다. 이와 함께 치과 직원과 환자와의 훈훈한 교감 그리고 치과 내부의 알콩달콩한 이야기를 올려주는 게 좋다. 치과마다 블로그 메뉴가 다 다르다. 하지만 다음의 다섯 가지는 꼭 지켜줘야 많은 환자의 유입이 가능하다.

- 치과의 특화된 진료에 대해 정확하게 올리기
- 환자와 함께 찍은 사진 올리기
- 직원과의 회식 및 회의 사진 올리기
- 치과의 이벤트를 즐겁게 올리기
- 치과의 감사선물을 꼼꼼하게 올리기

이렇게 블로그를 관리하면서, 꾸준히 방문자와 소통을 하는 것이 중요하다. 댓글에 반드시 답을 달아주고 또한 방문자의 블로그를 방문해 댓글을 달아주는 것과 함께 이웃을 신청하자. 블로그의 효과가 금방 나타나지 않는다. 지속적으로 정성껏 관리를 하여 찾는 방문자 수를 늘려가야 한다. 이렇게 하노라면 어느 순간 블로그가 열 명의 영업 사원 역할을 톡톡히 해낸다.

여전히 오프라인 마케팅이 기본이다

"아무리 온라인 마케팅이 대세가 되었다 해도 여전히 오프라인 마케팅의 위력을 간과해서는 안돼요. 일반인이 일상생활 속에서 지속적으로 홍보를 접하면, 결국 고객으로 유입될 가능성이 높기 때문이에요. 가장 높은 효과를 보는 오프라인 마케팅을 꾸준히 진행해야합니다."

치과 예비 개원의들과 치과 실장들 대상으로 강의를 할 때 한말이다. 대체로 나이가 젊을수록 디지털 문화에 친숙하기 때문인지 오프라인 홍보를 간과하는 경우가 있다. 기본적으로 온라인 마케팅과 오프라인 마케팅은 상호보완적인 관계로 봐야한다. 온라인 마케팅은 효과 발휘를 하지 못하면 과대한 비용이 문제가 될 수 있다. 이를 보완해주는 게 오프라인 마케팅이다. 치과의 마케팅 예산에 맞는 효과적인 오프라인 마케팅을 할 필요가 있다. 대표적인 오프라인 마케팅 세 가지를 소개한다.

대중교통 광고

일 년 내내 지하철, 버스를 통해 지속적인 노출을 할 수 있다. 이를 통해 잠재 고객 환자들에게 치과 브랜드가 노출이 된다. 2013년 기준 서울의 경우, 여전히 많은 시민들이 대중교통을 이용하고 있다. 버스는 27.8%이며 지하철은 35.2%이다. 버스 광고는 일반인에게 잘 노출이 될 뿐만 아니라 반복적인 광고 효과가 탁월하다. 버스는 하루 평균 10여회 왕복으로 평균적으로 370킬로를 운행한다. 버스를 통해 일반인에게 반복적으로 치과 브랜드를 알릴 수 있다.

지하철 광고는 높은 집중력을 자랑한다. 지하철을 기다리는 승객과 지하철을 타고 있는 승객의 눈에 자연스럽게 들어온 광고는 강력하게 치과를 홍보해준다. 치과 브랜드와 진료 강점과 위치를 전달하는 것에 효과적이다.

구체적으로 스크린 도어, 기둥광고, 자율형 프레임, 하차역 안내방송 등을 진행할 수 있다.

대형마트 광고

대형마트는 치과 고객 환자 층이 많이 방문하는 곳이다. 한 통계에 따르면 31세에서 40까지 고객(36%)이 제일 많고, 그 뒤로 41세에서 50세의 고객(29.10%), 21세에서 30세 고객(17.20%), 51세에서 60세(14.70%)로 나타났다. 이 가운데 주 고객인 30에서 50대 고객은 주로 자가용을 타고 마트를 방문하는 중산층 가족이다.

또한 대형마트 고객들은 평균 1주일에 1회 이상 방문하며, 한번 방문 시 64%가 1시간 이상 쇼핑을 하는 것으로 나타났다. 따라서 이들을 타깃으로 한 마트 광고를 하면 탁월한 효과를 낼 수 있다.

구체적으로 쇼핑카트, 와이드칼라, 자동문 래핑, POS 바닥 광고, 엘리베이터 래핑, 무빙워크 광고, 말풍선 광고 등을 진행할 수 있다.

아파트 광고

수많은 주민이 밀집해 있는 아파트는 일단 한번 고객으로 확보해놓으면 안정적인 치과 운영이 가능하다. 따라서 인근 아파트에 치과를 알리는 홍보를 해야한다. 주로 엘리베이터 거울 하단광고, 영상광고와 게시판 광고를 하고 있다. 이 가운데 가장 기본적인 게 엘리베이터 거울 하단광고다. 아파트 주민들이 출입을 하면서 반드시 거치는 게 엘리베이터인데, 밀폐된 공간이기 때문에 광고의 집중도가 매우 높다.

단골 환자고객 확보가 중요한 치과 입장에서는 아파트 엘리베이터 광고를 진행하지 않을 이유가 없지 않을까?

온라인상의 마케팅은 적은 자본으로는 치과를 상위에 노출하기 힘들어졌다. 막대한 비용이 요구된다. 이와 달리 오프라인 마케팅은 적은 비용으로도 진행할 수 있다. 인내심을 갖고 꾸준히 진행을 하다보면 어느 새 충성고객이 많이 확보된다.

스타 의사가 되어 브랜드를 알려라

강남에 새로 개원한 두 치과가 있다. 원장이 명문대 출신인데다가 치과 규모가 비슷했다. A 치과는 막대한 비용으로 오프라인 및 온라인마케팅을 했지만, B 치과는 최소한의 오프라인 광고만 했다. 그런데 얼마 지나지 않아 B치과에 환자들로 북적였다.

B 치과는 특별히 돈을 들이지 않고서도 의사 브랜드를 알리는데 성공했다. B치과 원장이 예능 방송을 탄 것이다. 한 인기 가족 예능 프로그램에 가족과 함께 방송에 나오자, 많은 일반인들이 그를 알아봤다. 특히나, 가족의 훈훈한 이야기가 공중파를 타자, 시청자들은 그 원장을 한 인간으로서 매력을 느꼈다. 그러자 많은 사람들이 그의 블로그를 비롯한 각종 SNS에 친구로 신청하는 것과 함께 좋아요를 눌러주었다.

방송에서는 그 원장의 직업이 치과의사라는 점과 그 치과에 대한 소개가 최소화되어 있었다. 그런데도 자연스럽게 일반인들은 그 치과에 관심을 갖게 되었다. 이렇게 해서 방송이 끝나자마자 그 치과에는 예약 신청으로 전화통에 불이 났다.

여기서 끝이 아니다. 그 원장이 일상생활을 하면서 만났던 사람들이 그를 알아보고 인사를 해왔다. 아파트 단지, 피트니스센터, 식당, 마트, 관공서 등에서 그를 알아보는 사람들이 넘쳐났다. 방송의 위력이 대단했다. 현재, 이 치과 원장에게 연이어 방송 섭외 요청과 함께 잡지 인터뷰 및 청소년 교육 강연 요청이 들어오고 있다.

이 치과 원장은 우연히 출연한 방송을 통해 일약 스타 의사가 되었고 이로 인해 의사 브랜드 가치가 폭발적으로 뛰어 올랐다. 많은 분들이 그 스타 의사를 보고, 그 치과를 찾고 있다.

이런 일이 예외적인 일일까? 방송에 출연하는 의사는 따로 있을까? 또한 방송으로 인해 스타덤에 오르는 의사는 따로 있을까? 전혀 그렇지 않다. 이는 치과 의사 모두에게 가능한 일이다. 모든 치과는 치과 브랜드를 알리는 마케팅에 막대한 비용을 책정하고 있다. 그런데, 정작 치과 의사 자신의 브랜드에 포커스를 둔 마케팅에는 큰 관심이 없는 듯하다.

요즘은 유명 기업체 하면 곧 스타 경영자를 떠올리는 경우가 많다. 글로벌 기업의 경우 애플사 하면 스티브 잡스를, 마이크로 소프트사 하면 빌 게이츠를, 아마존 하면 제프 베조스를, 페이스북하면 마크 저커버그를 떠올린다. 우리나라도 마찬가지다. 삼성하면 이재용을, 안철수 연구소하면 안철수를, 배달의 민족하면 김봉진을 떠올린다. 어쩌면 경영자를 먼저 기억하고 나서 기업체를 떠올릴 정도로 경영자 브랜드가 대중에게 널리 각인되어 있다.

아직까지 외국에 비하면, 국내 경영자의 브랜드화가 미미하다. 하지만 단적인 예로, 스티브 잡스가 대중에게 다가가 스타급 발표자로 어필한 것이 애플사의 매출에 지대한 영향을 미쳤음을 누구도 부정하지 못한다.

따라서 치열한 경쟁 속에 제살 깎아 먹기까지에 이른 치과 시장 상황에서, 치과 의사의 브랜드 화는 생존에 필수적이다. 오프라인 및 온라인 마케팅은 남들이 하는 만큼 누구나 다 한다. 하지만 치과 의사 자신이 대중에게 어필하는 스타로 부상하여, 의사의 브랜드를 널리 알리는 시도는 아직 많지 않다.

의사가 스타급으로 회자 되고, 의사 브랜드를 널리 알리는 방법에는 어떤 게 있을까? 모두 네 가지가 있다.

방송 출연

크게 예능 방송과 건강 정보 방송이 있다. 이 가운데 자신에 적합한 곳에 자신을 노출시켜보자. 수억 원의 마케팅을 한 것 이상으로 의사를 알리는 데 큰 효과를 낸다.

1인 방송

틈틈이 치아 관리에 대한 정보를 1인 방송에 올리는 것이 좋다. 환자들이 치과에서 자세하게 문의할 수 없었던 궁금증을 1인 방송에서 치과 의사가 접수하고 잘 설명해 줄수도 있다. 소문이 나서 회원수가 많아지면 유트브 스타가 남의 일이 되지 않는다.

탁월한 임상 실험과 학회지 발표

의사로서 전문가의 활동이 신문이나 뉴스를 통해 전달되면 환자들로부터 신뢰감을 얻을수 있다. 가령, 임플란트 수술에 탁월한 성과를 냈다는 내용이 뉴스를 타면, 그 수술에 관심 있는 전국의 시청자들이 그 치과 의사가 있는 곳으로 문의를 한다. 최고 실력자로 알려진 의사는 곧 스타 의사나 다름없다.

책 발간

치과 의사들 중에도 책을 발간함으로써 의사 브랜드를 홍보하는 경우가 많다. 이때 전문적인 내용보다는 화제성이 있는 내용을 다루어 대중에게 어필하는 게 좋다. 가령, 치과의사의 취미를 다루는 책도 좋고, 일반 병원과 달리 화목한 치과 문화를 알리는 책도 좋다. 이렇게 해서 그 책이 화제작이 될 경우, 그 책의 저자인 치과 의사는 스타 급으로 부상한다. 그리고 그 책을 접한 일반인은 치과 의사에 대한 매력을 느끼게 된다. 저절로 그 치과 의사가 있는 병원의 환자가 되는 데 주저하지 않는다.

진정성 있는 착한 마케팅이 통한다

1984년 미국 아메리칸 익스프레스사는 미국인에게 큰 화제가 된 사회적 이슈를 주목했다. 당시 미국 정부는 자유의 여신상 복원 프로젝트를 추진하기로 했다. 이에 미국의 상징인 자유 여신상의 복원 프로젝트에 전 미국인이 관심을 가졌다.

그때까지만 해도 아메리칸 익스프레스사는 자사 브랜드를 직접 알리는 마케팅에 주력해왔는데 이것으로는 매출 한계에 부딪혔다. 그러자 아메리칸 익스프레스사는 마케팅을 자유의 여신상 복원 사업과 연계하기로 했다. 아메리칸 익스프레스사는 기존 고객이 자사 카드로 거래할 때마다 1센트씩, 그리고 신규고객이 가입할 때마다 1달러씩 자유의 여신상 복원 기금으로 기부하도록 했다.

이 마케팅이 소비들에게 신선한 감동을 주었다. 그 결과 5개월 만에 카드 사용량이 27%나 증가했으며 170만 달러의 성금이 모이는 엄청난 성공을 거두었다. 이는 자유의 여신상을 복원하고자 하는 미국인의 바람이 코즈(Cause) 곧 원인, 대의명분으로 작용하여 아메리칸 익스프레스사의 비즈니스 성공과 함께 자유의 여신상 복원이라는 공익이 실현된 것이다. 바로 이것이 세계적인 '코즈 마케팅' 곧 '착한 마케팅'의 원조다.

흔히, 착한 마케팅이라고들 말하는데 정확한 용어는 코즈 마케팅(Cause Marketing)이다. 이는 빈곤, 보건, 환경 등의 사회 공익적 이슈를 기업의 마케팅과 연계시키는 것을 말한다. 기업의 입장에서 이 마케팅의 목표는 비즈니스의 목표 달성과 함께 사회적 책임 곧 사회적 공익 달성이다. 현재 많은 기업들이 이 착한 마케팅을 펼쳐서 수익 창출과 공익 실현이라는 두 마리 토끼를 잡고 있다.

당연히 착한 마케팅은 치과에서도 통한다. 억지스러운 광고, 홍보만을 접하던 환자들이 착한 마케팅을 접하면 저절로 치과의 충성 고객이 된다. 단, 아무리 효과가 좋은 착한 마케팅이라고 해도 진정성을 갖춰야한다. 뻔한 상술이 보인다면 오히려 역효과가 난다. 진정으로 사회의 공익을 추구한다는 자세가 있어야 환자들의 가슴에 통한다.

내가 관리하는 김포의 M 치과가 환자의 공감과 지지를 얻는 착한 마케팅을 잘 펼치고 있다. 개원 3년차 원장은 평소 인술을 펼치는 활동을 해왔다. 대개의 치과 병원들은 가능하면 환자에게 임플란트 수술을 유도해 많은 수익을 창출하는데 목표를 두고 있다. 이 원장은 달랐다. 그는 내방하는 환자들에게 될수 있으면 본인의 치아를 살리는 쪽을 권장하고 있다. 사실, 치의학의 관점에서 보더라도 그 어떤 치료보다 자신의 치아를 보존하는 게 가장 낫다. 그런데도 대부분의 치과가 수익 창출을 목표로 하다보니 이를 지키고 있지 못하다.

여기에다 그 원장은 발치과정에서 나온 폐금을 모아 복지재단에 기부했다. 이와 함께 년간 2회 가량 장애인과 양로원을 방문해 무료로 치과 진료 및 봉사 활동을 해오고 있다. 앞으로 그 원장은 경제적 여유가 없는 어르신에게 무료로 치과 진료를 해줄 예정이다. 이러한 모든 활동이 마케팅을 위한 마케팅으로 나온 게 아니다. 그는 본래 인술을 펼치고자 하는 진정성을 가지고 있었고, 이게 자연스레 표출이 되었다. 그 결과, 착한 일을 많이 하는 그 원장에 대한 소식이 여러 신문에 소개되었다. 이렇게 해서 그 치과의 착한 마케팅이 입소문이 났다. 환자들은 이구동성으로 말한다.

"원장님은 천사입니다. 천사요."
"여태까지 수많은 치과를 다녀봤지만 이 치과 원장님처럼
사람을 어질게 대하는 분은 처음입니다."

그 다음 많은 분들이 궁금해 할 것이 매출이다. 당연히 이 치과는 매출이 쑥쑥 올라갔다. 원장은 치과를 홍보하는 마케팅으로 전혀 고민을 하지 않고, 마케팅 비용도 거의 쓰지 않는다. 단지 원장은 진정성 있게 인술을 펼치는 실천만을 하고 있다. 여기에만 막대한 비용을 투자한다. 이를 통해 그 치과는 착한 마케팅의 효과를 톡톡히 보고 있다.

환자들은 기존의 마케팅에 피로를 느끼고 있다. 오프라인과 온라인에서 수도 없이 쏟아지는 치과 홍보에 거부감을 가지고 있다. 이런데도 치과를 홍보하는 마케팅이 갈수록 늘어가고 있다. 이 마케팅 레드오션에 당신도 뛰어들 것인가? 이제 숨을 고르길 바란다. 치과는 정년 없이 평생 가는 직업이다. 평생 매출 걱정하지 않고 살아남는 치과 마케팅 비법은 착한 마케팅의 블루오션을 노리는 데 있다. 인술을 펼치는 것과 함께 매출을 높이는 것 두 가지를 달성할 수 있는 게 바로 착한 마케팅이다.

헤세의서재

헤세의서재 블로그 https://blog.naver.com/sulguk

기업인, 의사, 컨설턴트, 강사, 프리랜서, 자영업자의 출판 기획안, 출판 아이디어, 원고를 보내주시면 잘 검토해드리겠습니다. 좋은 콘텐츠를 갖고 있지만 원고가 없는 분에게는 책쓰기 코칭 전문 <1등의책쓰기연구소>에서 책쓰기 프로그램에 따라 코칭을 해드리고, 책 출판해드립니다. 자기계발, 경제경영, 병원경영, 재테크, 대화법, 문학, 예술 등 다양한 분야의 책을 출판합니다.

우리 동네 1등 치과 만들기

초판 1쇄 발행 2019년 11월 15일
초판 4쇄 발행 2024년 1월 15일

지은이 이다혜
펴낸이 고송석
발행처 헤세의서재

주소 서울시 서대문구 북가좌2동 328-1 502호(본사)
　　　서울시 마포구 양화로 64 서교제일빌딩 824호(기획편집부)
전화 0507-1487-4142
이메일 sulguk@naver.com
등록 제2020 - 000085호(2019년 4월4일)

ISBN 979-11-967423-0-0 (13320)